50¢

Un Coup d'œil sur la France

Un Coup d'œil sur la France

Claudine Coulanges
et
Flake Daniel

National Textbook Company
a division of *NTC Publishing Group* • Lincolnwood, Illinois USA

Acknowledgments

The publisher gratefully acknowledges the assistance of the French Cultural Services, the French Government Tourist Office, and the French Industrial Development Agency in obtaining illustrations for this book.

Photo Credits

Historical Pictures Service: 40-41, 45, 53, 57, 69, 76, 78, 81, 82
Wide World Photos: 92, 94, 96-97, 100, 106-107

1995 Printing

Préface

Un coup d'œil sur la France was designed by the authors for use in the intermediate French class. The text will broaden students' knowledge of French civilization and geography. In language suitable for intermediate students, French history from Vercingétorix to François Mitterrand is explored. An introductory section on French geography is also included to give students the background they need to get the most out of their reading.

Repetitive vocabulary has been used in this book expressly to facilitate students' reading of the text. Numerous side glosses also assist in smooth, uninterrupted reading of the chapters. The present indicative, *passé composé,* and imperfect are the principal verb tenses used throughout the text. In the first half of the reader, side glosses aid comprehension whenever the *passé simple* is used. Finally, a vocabulary list at the back of the book allows students to quickly look up words used in the chapters.

Each chapter is followed by a series of questions. The chapters may be assigned as individual readings and the questions used in class to verify comprehension and launch discussions. Thus, *Un coup d'œil sur la France* can help students improve their speaking skills while they deepen their understanding of French civilization. Teachers may also use *Un coup d'œil sur la France* as a source book for independent study. The authors feel that a student cannot begin too early to do independent reading.

Un coup d'œil sur la France was created to fill the need of intermediate students for a good foundation of basic facts about French civilization presented in clear, simple language they can easily understand. The authors feel that this book will give intermediate students an understanding of French history and geography upon which they can build as they continue their studies in French.

The authors are indebted to many people who have expressed interest in this text and have given invaluable help. They wish particularly to thank M. and Mme. Claude Coulanges for their editorial assistance and Mr. Timothy Rogus for his help with the chapters on contemporary France. The Headmaster of the Hockaday School has been most generous in putting the resources of the school at their disposal. Finally, they wish to thank Mrs. Eliette Carroll for her patient assistance in typing the manuscript.

Claudine Coulanges
Flake Daniel

Table des Matières

La géographie de la France

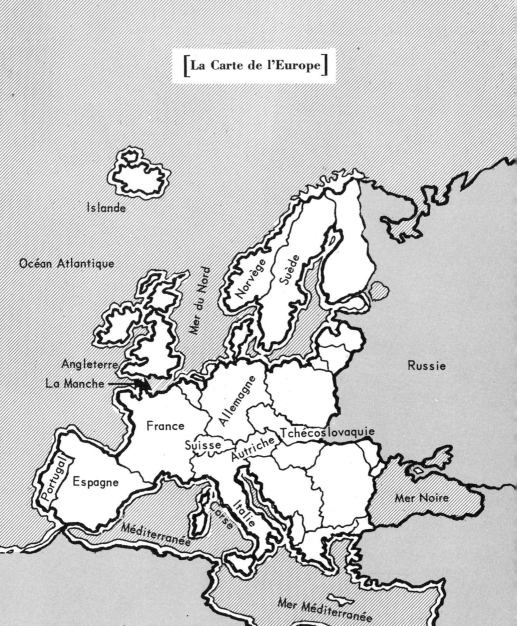

[La Carte de l'Europe]

Islande

Océan Atlantique

Mer du Nord

Norvège

Suède

Russie

Angleterre

La Manche

Allemagne

France

Suisse

Autriche

Tchécoslovaquie

Portugal

Espagne

Corse

Italie

Méditerranée

Mer Noire

Mer Méditerranée

Afrique

1

La France et ses voisins

Regardons la carte de l'Europe. À l'ouest du continent européen se trouve la France. C'est un petit pays lorsqu'on le compare aux États-Unis. Nous voyons que la France est plus petite que l'état du Texas. Mais la France, malgré sa petite superficie,° est un pays que nous reconnaissons comme étant° la source d'une grande partie de la civilisation occidentale.° Dans la littérature, la philosophie, dans les arts et les sciences, nous devons beaucoup aux savants° français.

superficie *area*
étant *being*
occidentale *western*

savants *scholars*

On appelle souvent ce pays "la douce France" à cause de son climat doux.° Malgré le fait que la France est située aussi loin au nord que la ville de Boston, elle a un climat tempéré° par le courant du golfe du Mexique. À cause de son climat tempéré, c'est un pays agricole.° L'agriculture est une des industries principales de la France. Le petit fermier, autrefois le soutien° principal de l'économie française, se trouve remplacé aujourd'hui par des fermes plus grandes, plus modernes et mécanisées qui sont sous la direction d'entreprises commerciales. En France il y a aussi de grandes villes industrielles et des centres commerciaux importants.

doux *mild*

tempéré *moderate*
agricole *agricultural*

soutien *support, mainstay*

Regardons encore une fois la carte de l'Europe. Nous voyons que la France est entourée° de frontières naturelles. Elle est bornée° au nord par la Manche° avec l'Angleterre comme voisine, à l'ouest par l'océan Atlantique, au sud par les Pyrénées et la mer Méditerranée, à l'est par les Alpes et l'Italie, et au nord-est la France est bornée par le Rhin et trois pays: l'Allemagne, le Luxembourg et la Belgique.

entourée *surrounded*

bornée *bounded, bordered*

la Manche *the English channel*

Chaumière en Normandie

1. Est-ce que la France est plus petite ou plus grande que l'état du Texas?
2. Pourquoi devons-nous beaucoup à la France et aux savants français?
3. Pourquoi la France est-elle appelée souvent "la douce France"?
4. Pourquoi a-t-elle un climat tempéré?
5. Quelle est une des industries principales de la France?
6. Aujourd'hui, qu'est-ce qui remplace le petit fermier d'autrefois?
7. Nommez les frontières naturelles qui séparent la France de ses voisins

Biarritz, ses hôtels, casinos et plage sur l'Atlantique

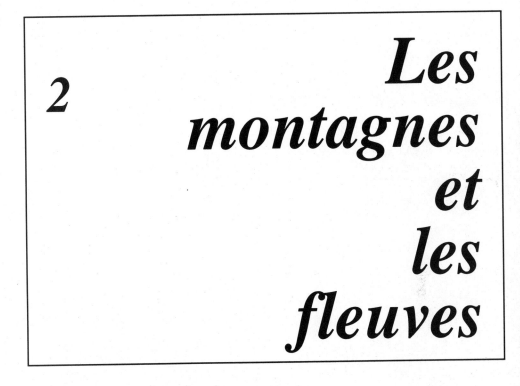

2

Les montagnes et les fleuves

Les montagnes françaises les plus importantes sont les Alpes. Les pays qui se trouvent séparés de la France par les Alpes sont l'Italie et la Suisse. Le sommet° le plus haut en France, le Mont-Blanc, se trouve dans les Alpes.

sommet *summit*

Au nord des Alpes il y a deux chaînes de montagnes qui s'appellent le Jura et les Vosges. Au centre de la France se trouve le Massif central, un plateau rocheux° qui s'étend° des Vosges au sud près des Pyrénées et couvre un sixième de la superficie de la France.

rocheux *rocky*
s'étend *extends*

Les Pyrénées sont une chaîne de montagnes très pittoresques° qui séparent la France de l'Espagne. Il existe une région extrêmement intéressante dans les Pyrénées occidentales où les habitants parlent un idiome° spécial sans rapport avec aucune des langues européennes. Cette région s'appelle le pays basque. Les Basques sont pour la plupart° des montagnards° au caractère très indépendant avec des coutumes uniques et des costumes colorés. Ils disent que leur langue a son origine dans le jardin d'Éden.

pittoresques *picturesque*

idiome *language, dialect*

pour la plupart *for the most part*
montagnards *mountain dwellers*

Les fleuves° principaux de la France sont la Loire, la Seine, le Rhin, le Rhône et la Garonne. Le fleuve le plus long de France est la Loire. Elle se jette dans° l'océan

fleuves *rivers*

se jette dans *empties into*

Atlantique après avoir traversé° une des plus belles parties de la France, la province de la Touraine, souvent appelée le "jardin de la France," car c'est dans cette province que l'on voit les beaux châteaux de la Renaissance avec leurs splendides jardins.

après avoir traversé *after crossing (after having crossed)*

Vallée dans les Vosges

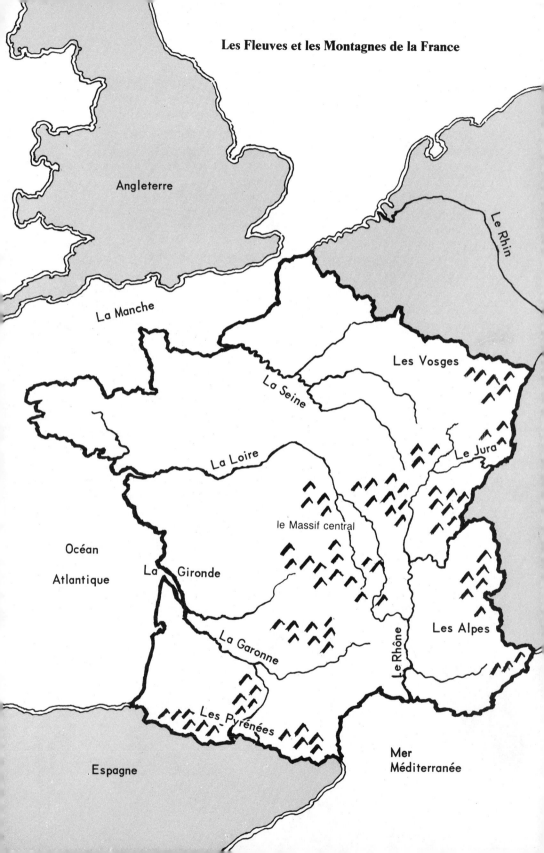

Les Fleuves et les Montagnes de la France

Angleterre

Le Rhin

La Manche

Les Vosges

La Seine

Le Jura

La Loire

le Massif central

Océan

Atlantique

La Gironde

Les Alpes

La Garonne

Le Rhône

Les Pyrénées

Espagne

Mer
Méditerranée

La Seine est le fleuve le mieux connu de France. La Seine traverse Paris, "ville lumière,"° et se jette dans la Manche. Le fleuve qui sépare la France de l'Allemagne s'appelle le Rhin. Il traverse Strasbourg, ville célèbre par sa belle cathédrale, et il se jette dans la mer du Nord. Le Rhône se jette dans la Méditerranée, près du grand port de Marseille. En remontant° le Rhône, on passe par plusieurs villes: Arles, Avignon et la grande ville industrielle de Lyon.

ville lumière *City of Lights*

remontant *going up*

Avant de se jeter dans l'océan Atlantique, la Garonne devient la Gironde. La ville de Bordeaux qui se trouve sur la Garonne est un port très important. Elle est aussi renommée° pour ses vins.

Les fleuves de la France sont reliés° par une série de canaux.° Ces voies d'eau° forment un système de communication et de transport qui dessert° presque toute la France. Le plus vieux canal, bâti° au dix-septième siècle, est le canal du Midi qui relie l'Atlantique, par la Garonne, à la Méditerranée.

renommée *famous*
reliés *connected*
canaux *canals*
voies d'eau *waterways*
dessert *serves*
bâti *built*

---

1. Quelles sont les montagnes les plus importantes de France et où se trouvent-elles?
2. Comment s'appelle le sommet le plus haut de France et où se trouve-t-il?
3. Qu'est-ce que c'est que le Massif central?
4. Qu'est-ce qui sépare la France de l'Espagne?
5. Que savez-vous des Basques? (leur caractère, leurs coutumes, leur langue, etc.)
6. Quel est le fleuve le plus long de France?
7. Quelle province traverse-t-il et dans quel océan se jette-t-il?
8. Comment s'appelle le fleuve qui traverse Paris et où se jette-t-il?
9. Quel fleuve traverse Strasbourg?
10. Nommez trois villes importantes qui se trouvent le long du Rhône.
11. Quel fleuve devient la Gironde avant de se jeter dans l'océan Atlantique?
12. Quelle grande ville renommée pour ses vins se trouve sur ce fleuve?
13. Par quels moyens les fleuves de la France sont-ils reliés?
14. Qu'est-ce que c'est que le canal du Midi?

3

Les villes importantes

Le port le plus grand de France, situé sur la mer Méditerranée, est Marseille. Établi° par les Phéniciens,° vers le cinquième siècle avant Jésus-Christ, ce port joue aujourd'hui un rôle très important dans le commerce entre la France et l'Orient. La plupart des marchandises arrivent de l'Orient par le canal de Suez, construit au dix-neuvième siècle par l'ingénieur français, Ferdinand de Lesseps. D'autres ports importants de la France sont Bordeaux et Brest, sur l'Atlantique; Cherbourg, le Havre, Dunkerque et Calais, sur la Manche.

établi *founded, established*

Phéniciens *Phoenicians, ancient trading people of the eastern Mediterranean*

Il y a en France de grands centres industriels et commerciaux. Parmi ces villes importantes, il faut mentionner Paris, centre de la mode° et de l'industrie de l'automobile. À Bordeaux, il y a un grand commerce de vins. Metz est une des villes principales pour la manufacture de munitions.° Cependant, une grande partie de l'industrie française se trouve à Lille. Cette ville du nord de la France est un grand centre de filatures,° de construction mécanique, d'imprimerie° et de produits chimiques.°

mode *fashion*

munitions *ammunition*

filatures *textile mills*
imprimerie *printing*
produits chimiques *chemicals*

Malgré° la modernisation et l'industrialisation de la France, elle continue à produire des articles de luxe qui sont exportés dans le monde entier, tels que° les parfums,

malgré *in spite of*
tels que *such as*

les articles de soie° et de velours,° les dentelles° et la porcelaine. Le centre de la manufacture des parfums est à Grasse, près de Cannes sur la Côte d'Azur.° Lyon est le centre de l'industrie de la soie. Les dentelles portent les noms des villes où elles sont faites: Alençon et Chantilly. Les noms de Sèvres et de Limoges indiquent les produits° de porcelaine fabriqués dans ces villes.

soie *silk*
velours *velvet*
dentelles *laces*
la Côte d'Azur *the Riviera*

produits *products*

La France est un pays riche en belles cathédrales parce que c'est là que l'architecture gothique a eu son origine entre le onzième et le quatorzième siècle. La construction de ces cathédrales est une œuvre° impressionnante° quand on considère leur architecture grandiose et les moyens° rudimentaires de construction à cette époque.°

œuvre *work of art*
impressionnante *impressive*
moyens *means*
époque *period*

Notre-Dame de Paris

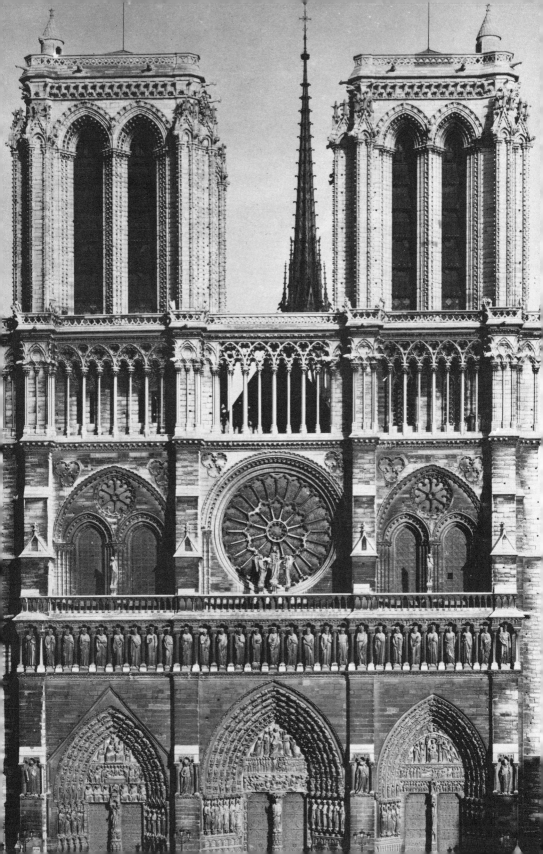

Pendant un siècle (1150-1250) un zèle° religieux et une grande dévotion à la Vierge° ont inspiré le peuple à construire ces grandioses monuments dédiés° à Notre-Dame. Pour mentionner seulement quelques beaux exemples de cette architecture, on peut citer° les cathédrales d'Amiens, de Chartres, de Reims, de Strasbourg et de Paris. Un édifice° qui n'est pas dédié à la Vierge, mais que l'on considère comme étant une merveille° de cette époque, est la magnifique abbaye° du Mont-Saint-Michel sur la côte de la Manche.

Des vestiges de la civilisation romaine existent encore en France. Deux villes où l'on peut voir ce qui reste de

zèle *fervor, enthusiasm*
Vierge *Virgin Mary*
dédiés *dedicated*

citer *mention*
édifice *building*

merveille *wonder, marvel*
abbaye *abbey, monastery ruled by an abbot*

Cannes: le port

cette civilisation sont Arles et Nîmes. Les arènes de ces villes sont parmi les antiquités romaines les plus remarquables.

Deux autres villes historiques sont Carcassonne et Avignon. Carcassonne, dont les fortifications datent du moyen âge,° contient° aujourd'hui le meilleur exemple d'architecture médiévale qui nous reste. Avignon, autrefois° la résidence des papes,° est renommée pour son palais° des Papes, édifice massif qui ressemble à un bastion plus qu'à un palais, et pour son pont.°

moyen âge *Middle Ages*
contient *contains*
autrefois *at one time*
papes *popes*
palais *palace*
pont *bridge*

Il y a en France des centres de tourisme qui sont de jolis coins agréables où vont les Français aussi bien que les étrangers pour se distraire° ou se reposer. Pour les sports d'hiver un coin fréquenté par les touristes est Chamonix dans les Alpes. Les côtes françaises de la Manche, de l'Atlantique et de la Méditerranée offrent de belles plages aux touristes. Sur la Manche, il y a Deauville, célèbre par son casino et son champ de courses.° Tout le long° de l'Atlantique, les touristes trouvent de belles villes d'eau.° Mais la côte la plus connue est la Côte d'Azur sur la Méditerranée où se trouvent les villes de Cannes et Nice.

se distraire *to have a good time*

champ de courses *racetrack*
tout le long *all along*
villes d'eau *spas*

---

1. Comment s'appelle le port le plus grand de France et où est-il situé?
2. Pourquoi ce port est-il important aujourd'hui?
3. Par quelle voie d'eau arrivent la plupart des marchandises de l'Orient?
4. Comment s'appelle l'ingénieur responsable de la construction de ce canal?
5. Nommez deux ports importants sur l'Atlantique et trois ports importants sur la Manche.
6. En parlant des grands centres industriels de la France, pourquoi faut-il mentionner Paris?
7. Dans quelle ville est-ce qu'il y a un grand commerce de vins?
8. Nommez des industries importantes qui se trouvent à Lille.
9. Nommez les centres de manufacture des articles suivants: (a) le parfum; (b) la soie; (c) les dentelles; (d) la porcelaine.
10. Quand et où l'architecture gothique a-t-elle eu son origine?
11. Pourquoi la construction des cathédrales à cette époque est-elle une œuvre impressionnante?
12. Nommez quelques villes qui sont renommées pour leurs belles cathédrales gothiques.
13. Où peut-on voir des vestiges de la civilisation romaine?
14. Pourquoi Carcassonne est-elle importante comme ville historique?
15. Pourquoi Avignon est-elle renommée?
16. Comment s'appelle un coin célèbre où l'on va pour les sports d'hiver?
17. Qu'est-ce que les côtes françaises offrent aux touristes?
18. Quelle côte est la plus connue de toutes et où se trouve-t-elle?

4

Paris, la capitale

Paris, capitale de la France, fondée il y a deux mille ans et appelée autrefois Lutèce, est une ville historique et industrielle. Paris est aussi le centre de la vie intellectuelle de la France où viennent des étudiants de tous les pays du monde.

L'édifice le plus haut d'une ville est généralement le point le plus connu. À Paris, c'est la Tour Eiffel. Du haut de° la Tour Eiffel, on voit tout Paris. La Seine divise la ville en deux parties, la rive° droite et la rive gauche. Au milieu de° la Seine se trouve l'Île de la Cité avec sa belle cathédrale de Notre-Dame de Paris, un exemple magnifique de l'architecture gothique. Le long de la Seine, près de l'Île de la Cité, se trouvent les étalages° des bouquinistes, marchands de vieux livres et de gravures.°

Il y a plusieurs ponts qui traversent la Seine et qui donnent un charme tout particulier à ce fleuve et à la ville. Le plus vieux pont sur la Seine est le Pont-Neuf qui date du seizième siècle.

Sur la rive droite se trouve le Louvre, ancien palais des rois de France. C'est aujourd'hui un musée de réputation mondiale,° où, parmi d'autres chefs-d'œuvre,° on trouve deux statues de l'antiquité: la Vénus de Milo et la

du haut de *from the top of*
rive *bank (of a river)*
au milieu de *in the middle of*

étalages *displays*
gravures *prints, engravings*

mondiale *worldwide*
chefs-d'œuvre *masterpieces*

La basilique du Sacré-Cœur, Paris

Se promenant sur les quais, près de Notre-Dame

Victoire de Samothrace,° et il ne faut pas oublier le tableau le mieux connu de Léonard de Vinci: la Joconde.°

    En sortant du Louvre, le visiteur entre dans l'ancien parc des rois, les Tuileries, qui sont maintenant de beaux jardins publics, et de là il arrive à la place de la Concorde. Au centre de cette place, autrefois l'emplacement° de la guillotine, se trouve aujourd'hui l'obélisque de Louksor, don° du roi d'Egypte. Tout autour de cette place, il y a huit statues qui représentent huit villes importantes de la France. De la place de la Concorde, le touriste remonte les Champs-Élysées, grand boulevard bordé d'arbres et de belles statues. Il y a aussi le long de ce boulevard des cafés, des boutiques° et des magasins.

    Au bout de° l'avenue des Champs-Élysées, sur la place Charles de Gaulle, se trouve l'Arc de Triomphe. Sous cet arc, construit par ordre de Napoléon Ier en l'honneur des armées françaises et de leurs victoires, une flamme éternelle brûle sur le Tombeau du Soldat inconnu de la Première Guerre mondiale. De la place Charles de Gaulle rayonnent° douze avenues. Une de ces avenues mène° le touriste au bois° de Boulogne, un grand parc où les Parisiens aiment se promener.

    Un quartier° intéressant sur la rive droite est Montmartre. Bâti sur une butte,° c'est un quartier de

la Victoire de Samothrace *The Winged Victory*
la Joconde *The Mona Lisa*

emplacement *site, location*

don *gift*

boutiques *shops*

au bout de *at the end of*

rayonnent *radiate*
mène *leads*
bois *forest, wood*

quartier *area, neighborhood*
butte *hill*

20

contrastes. On y trouve les artistes qui exposent leurs ta-
bleaux dans les rues étroites,° les touristes qui visitent les
boîtes de nuit° et les pèlerins° qui viennent à la basilique du
Sacré-Cœur. Cette basilique d'architecture romane° avec son
dôme byzantin, domine la butte Montmartre.

    Avant de quitter la rive droite, il faut visiter la
place de la Bastille, autrefois l'emplacement de la fameuse
prison détruite° au commencement de la Révolution française. Cette place reste toujours le symbole de la tyrannie des
rois.

    De la place de la Bastille, le visiteur traverse la
Seine et arrive au Boulevard Saint-Germain qui mène au
Boulevard Saint-Michel, le centre du Quartier Latin.[1] C'est
là où se trouve la Sorbonne, fondée° par Robert de Sorbon,
au treizième siècle, pour les étudiants en théologie. C'est la
plus vieille école de l'Université de Paris, une institution
d'enseignement° renommée depuis le moyen âge.

    En se promenant sur "le Boul' Mich"° le visiteur
passe devant de nombreuses terrasses de café, fréquentées
par les étudiants. Tout près, il y a le jardin du Luxembourg
et le Panthéon. Le Panthéon est un monument où sont
conservés les restes° de Voltaire, Rousseau, Victor Hugo et
d'autres grands écrivains et philosophes. Pas loin du Panthéon,
le touriste aperçoit° le musée de Cluny où l'on peut voir une
collection d'objets d'art du moyen âge et de la Renaissance.

    En quittant le Quartier Latin et en allant° vers la
Tour Eiffel, on s'approche de l'hôtel des Invalides. Cet
édifice, bâti par Louis XIV pour les blessés de guerre, est
maintenant un musée de l'armée qui est considéré comme
ayant° une des plus importantes collections militaires au
monde. Dans la crypte de l'église des Invalides se trouve le
magnifique tombeau de Napoléon Ier.

    Il y a de nombreux théâtres à Paris qui offrent
des pièces pour tous les goûts°—de l'Opéra aux Folies
Bergères. Les programmes de théâtre sont affichés° aux
kiosques° tout le long des grands boulevards.

    Il est impossible de parler de toutes les choses
intéressantes qu'il y a à voir à Paris. Mais avant de quitter
cette belle ville, il faut mentionner quelques grands changements récents. Aujourd'hui il y a un quartier de gratte-ciel°

étroites *narrow*
boîtes de nuit *nightclubs*
pèlerins *pilgrims*
romane *romanesque*

détruite *destroyed*

fondée *founded, established*

enseignement *learning*
Boul' Mich *nickname for Boulevard Saint-Michel*

restes *remains*

aperçoit *notices, sees*

allant *going*

ayant *having*

goûts *tastes*
affichés *posted*
kiosques *newsstands*

gratte-ciel *skyscraper*

---

    1. Le Quartier Latin: A section in the 5th and 6th arrondisse-
ments (zones or wards into which Paris is divided) where the University of
Paris is located along with some famous secondary schools (*lycées*). Since
Latin was the language of learning as well as the academic language of the
professors and students until the time of the French Revolution, this section
came to be known as the Latin Quarter.

appelé La Défense. C'est un quartier d'affaires° moderne avec des centres d'expositions° et de hauts bâtiments de logements appelés HLM (habitations à loyer° modéré.)

    Au centre du vieux Paris, autrefois l'emplacement des Halles² se trouve les plus nouveaux points d'intérêt: le Centre Pompidou et le Forum des Halles. Le Centre Pompidou, quelquefois appelé le musée Beaubourg, est un musée qui se spécialise en expositions d'art et de culture du vingtième

affaires *business*

centres d'expositions
  exhibition halls

loyer *rent*

---

2. Les Halles: The great public market that was for many years the main source of daily food for Paris.

Station de métro

siècle. Ce centre, d'un aspect surprenant° et d'une popularité étonnante° attire° chaque jour plus de touristes que le musée du Louvre. Pas loin du Centre Pompidou se trouve le Forum des Halles, qui propose de réunir sous un seul toit° toutes les activités urbaines° possibles, telles que spectacles° variés, débats organisés, magasins de mode, cinémas, restaurants et galeries d'art.

aspect surprenant *surprising appearance*
étonnante *astonishing*
attire *attracts*
toit *roof*
urbaines *civic*
spectacles *entertainment*

Une des choses qui contribue à la beauté de Paris est le fait que tout le système électrique et de communications se trouve sous terre. Un autre service souterrain est le Métro, système de transport public, qui existe depuis 1900. Pour faire face° aux problèmes de circulation posés par l'invasion de l'automobile, il existe à Paris un périphérique— grande voie qui permet l'urbanisation des alentours° de Paris. En plus la France vient d'introduire le train le plus rapide au monde, le T.G.V. ou train à grande vitesse. Aujourd'hui la France peut dire qu'elle jouit° d'un des meilleurs systèmes de transport public au monde.

faire face à *to confront*
alentours *suburbs*
jouit de *enjoys*

---

1. Quel est l'ancien nom de Paris?
2. Quel est l'édifice le plus haut de Paris?
3. Quel fleuve divise Paris en deux parties? Comment s'appellent les deux parties?
4. Qu'est-ce qui donne un charme tout particulier à ce fleuve et à la ville?
5. Où se trouve la cathédrale de Notre-Dame de Paris?
6. Où se trouve le Louvre? Qu'est-ce que c'est que le Louvre aujourd'hui? Autrefois?
7. Comment s'appelle le monument bâti par ordre de Napoléon Ier en l'honneur des armées françaises et de leurs victoires?
8. Pourquoi est-ce que Montmartre est un quartier intéressant?
9. Qu'est-ce qui domine la butte Montmartre?
10. Qu'est-ce que c'est que la Bastille et de quoi est-elle toujours le symbole?
11. Qu'est-ce que c'est que la Sorbonne et où se trouve-t-elle? Qui l'a fondée?
12. Qu'est-ce que c'est que "le Boul' Mich"?
13. Où sont conservés les restes de Voltaire, de Rousseau et de Victor Hugo?
14. Comment s'appelle l'édifice bâti par ordre de Louis XIV pour les blessés de guerre?
15. Pourquoi les touristes visitent-ils cet édifice aujourd'hui?
16. Où sont affichés les programmes de théâtre à Paris?
17. Qu'est-ce que c'est que La Défense?
18. Décrivez deux nouveaux points d'intérêt au centre du vieux Paris.
19. Nommez une chose extraordinaire qui contribue à la beauté de Paris.
20. À quoi sert le périphérique?
21. Qu'est-ce que c'est que le T.G.V.?

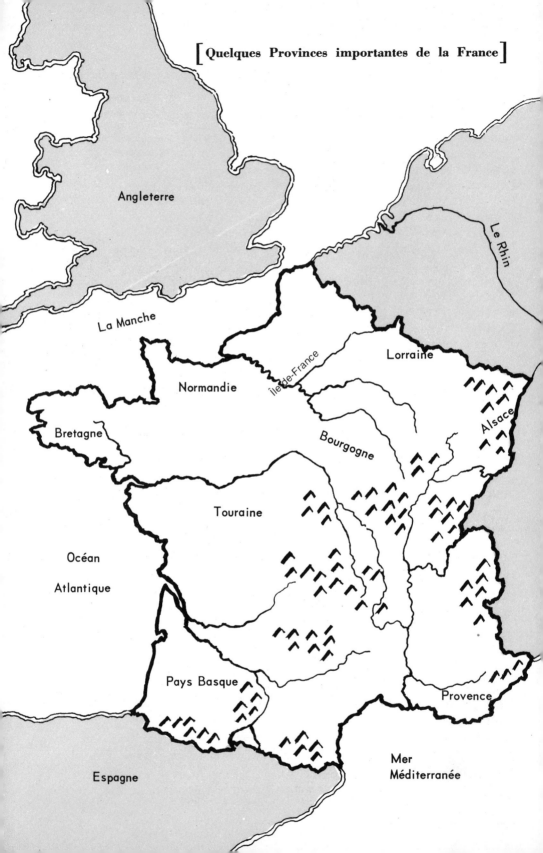

[Quelques Provinces importantes de la France]

Angleterre

Le Rhin

La Manche

Lorraine

Normandie

Île-de-France

Bretagne

Alsace

Bourgogne

Touraine

Océan
Atlantique

Pays Basque

Provence

Espagne

Mer
Méditerranée

5

Quelques provinces importantes

Avant la Révolution française, la France était divisée en provinces. Les provinces furent° abolies comme divisions politiques et remplacées° par les départements.[3] Plus récemment, les provinces furent rétablies° comme divisions politiques, chaque province réunissant plusieurs départements. À part son identité politique, chaque province a gardé les coutumes, les costumes et les traditions du passé. Plusieurs provinces ont une importance historique.

furent *were (passé simple)*
remplacées *replaced*
rétablies *reestablished*

L'Île-de-France

C'est une petite province qui a joué un grand rôle dans l'histoire du pays. Au centre de cette province se trouve Paris, entourée de villes aux noms célèbres, tels que Versailles, Fontainebleau et Chartres.

C'est là que la langue française et le domaine royal eurent° leur origine. C'est là que Hugues Capet a commencé au dixième siècle une lutte contre le féodalisme pour fonder en France une monarchie et établir la dynastie capétienne qui a duré° jusqu'au dix-neuvième siècle sous les rois bourbons.

eurent *had (passé simple)*

a duré *lasted*

---

3. Départements: France is divided into 98 departments, including Corsica. In addition, there are four overseas departments, la Martinique, la Guadeloupe, la Réunion and la Guyane.

La Touraine

Au centre de la vallée de la Loire se trouve la Touraine, appelée souvent "le jardin de la France." C'est dans cette région fertile, dans la petite ville de Chinon, que Jeanne d'Arc est venue voir le dauphin° et a réussi à le convaincre° de sauver la France de l'invasion anglaise. Aujourd'hui, il ne reste que des pierres en ruines qui montrent l'emplacement° du château de Chinon.

Dans la vallée de la Loire on trouve encore intacts les châteaux bâtis pendant la Renaissance. Le plus grand et

dauphin *dauphin, king's eldest son and heir to the throne*
convaincre *to convince*
emplacement *site*

le plus connu est le château de Chambord, construit sous le règne de François Ier. Le château a 440 pièces.°

Le château de Chenonceaux est unique en son genre° parce qu'il est construit au-dessus° d'une rivière. Le château d'Azay-le-Rideau est un chef-d'œuvre d'architecture de la Renaissance.

Rabelais, un grand écrivain de la Renaissance, est né à Chinon. Il a écrit *Gargantua* et *Pantagruel*, deux œuvres monumentales qui évoquent bien l'esprit de cette époque.

pièces *rooms*

genre *type, kind*
au-dessus de *above, on top of*

Le Château d'Amboise, sur la Loire

Champ de menhirs

La Bretagne

La Bretagne est une province unique par ses coutumes et ses traditions. On trouve en Bretagne des monuments de pierre qui datent de l'époque où les druides° étaient les prêtres° des Gaulois.° On y trouve des menhirs et des dolmens. Les Gaulois se servaient des menhirs dans leurs cérémonies; ils enterraient° leurs chefs sous les dolmens.

Les Bretons sont d'une nature indépendante et travailleuse.° Le Breton dépend de la mer pour gagner sa vie. Le touriste visite cette province pittoresque pour y voir les villages de pêcheurs qui se trouvent le long de sa côte rocheuse. Le pêcheur breton fut immortalisé dans le roman de Pierre Loti, *Pêcheurs d'Islande.*

druides *druids, priests of Celtic tribes in Britain and France before the age of Christianity*

prêtres *priests*

Gaulois *Celtic tribesmen of northwestern Europe*

enterraient *used to bury*

travailleuse *hardworking*

Bretons en costume régional

Les grands ports de Bretagne sont Saint-Nazaire
et Nantes, à l'embouchure° de la Loire; Brest, sur l'Atlantique
et Saint-Malo, sur la Manche. Jacques Cartier, né à Saint-

embouchure *mouth (of a river)*

Le port de Concarneau, Bretagne

Malo, fut° un navigateur célèbre qui a exploré les côtes du Canada et de Terre-Neuve.° Il a pris possession de ces terres au nom de François Ier au seizième siècle.

fut *was* (passé simple)

Terre-Neuve *New-foundland*

La Normandie

Entre la Bretagne et la Normandie, on aperçoit° l'abbaye bénédictine du Mont-Saint-Michel, bâtie au treizième siècle. Situé sur un îlot° granitique° dans la Manche, le Mont-Saint-Michel est relié à la côte par une digue.°

Les habitants de la Normandie sont les descendants des hommes du Nord, pirates de la Scandinavie. Les Normands sont d'une nature fière° et indépendante comme leurs ancêtres. Ils sont aussi conservateurs et économes.° Pour mieux connaître la nature des Normands, il faut lire quelques contes° de Guy de Maupassant, un écrivain né en Normandie, qui a si bien compris et a si bien dépeint° l'esprit de ces gens.

Le Normand le plus connu de l'histoire est Guillaume le Conquérant, duc de Normandie. Il a conquis° l'Angleterre en 1066 et ce fait fut° le commencement d'une lutte° entre la France et l'Angleterre qui a duré pendant plusieurs siècles. Un résultat important de cette invasion est l'influence énorme de la langue française sur la langue anglaise. Le français fut la langue officielle de la cour d'Angleterre pendant deux cents ans. À présent presque un quart des mots anglais vient de la langue française. La Normandie est une province qui a souffert° des conflits militaires, depuis Guillaume le Conquérant jusqu'à la Seconde Guerre mondiale lorsque les troupes américaines et anglaises ont débarqué° sur les plages normandes en 1944. Les ports de Cherbourg, du Havre, de Dunkerque et de Calais, sur la Manche, sont parmi les villes qui ont beaucoup souffert des bombardements qui ont précédé le débarquement des armées alliées. Malgré les guerres et leurs destructions, la Normandie est aujourd'hui une province paisible,° un pays de vergers° et de pâturages.° Les produits principaux sont le beurre, les fromages et le cidre. Du cidre, les Normands font une eau-de-vie° appelée "le Calvados."

L'Alsace-Lorraine

À la frontière de l'Allemagne, on trouve les deux provinces de l'Alsace et de la Lorraine, deux régions déchirées° par les guerres entre la France et l'Allemagne. C'est à la fin de la guerre Franco-Prussienne, en 1870-1871, que la France a perdu ces deux provinces. Elles sont redevenues françaises par le traité de Versailles signé en 1919 après la Première Guerre mondiale. Le peuple de ces deux provinces est resté français en esprit et en tradition, même pendant la période où elles étaient sous la domination allemande.

aperçoit *notices*

îlot *small island*
granitique *of granite*
digue *dike*

fière *proud*

économes *thrifty*

contes *stories*

a dépeint *depicted*

a conquis *conquered*
fut *was* (passé simple)
lutte *struggle*

a souffert *suffered*

ont débarqué *landed*

paisible *peaceful*
vergers *orchards*
pâturages *pasture land*

eau-de-vie *brandy*

déchirés *torn*

Strasbourg

  Les Vosges se trouvent en Alsace. C'est un pays
montagneux° et boisé,° mais il y a en même temps plusieurs
centres industriels, tels que Metz et Nancy. Strasbourg est
aussi une ville industrielle, mais elle est surtout connue par
sa belle cathédrale dont l'horloge° est une curiosité.[4] C'est
aussi à Strasbourg que Rouget de Lisle, pendant la Révolution
française, a écrit "La Marseillaise,"[5] hymne national français.
L'Alsace-Lorraine est le pays natal° de Jeanne d'Arc et de
Bartholdi. Bartholdi, né à Colmar, est l'artiste qui a sculpté
la Liberté éclairant le monde,° un cadeau° de la France aux
États-Unis.

montagneux *mountainous*

boisé *wooded*

horloge *public clock*

natal *native*

la Liberté éclairant le monde *Statue of Liberty*

cadeau *gift*

---

  4. Curiosité: The clock in the tower of the cathedral is a
mechanical marvel. Each day at noon when the clock strikes twelve, a
figure representing each of the twelve apostles comes out of the clock
and bows before a figure representing Christ which blesses each one in
turn. Then a rooster appears, flaps his wings and crows three times.

  5. La Marseillaise: Although the French national anthem
was written in Strasbourg, it was first sung by the National Guard from
Marseille when they attacked the Tuileries. The Parisians, hearing it
sung for the first time by this army from Marseille, gave it the name
"Marseillaise."

La Provence

La Provence n'est pas seulement une province riche en monuments historiques mais c'est aussi un coin pittoresque et enchanteur° de la France. C'est sur le Rhône que l'on trouve la ville ancienne d'Arles et une ville voisine, Nîmes, avec leurs ruines romaines, où, même aujourd'hui les touristes peuvent assister aux courses de taureaux° dans les arènes qui sont un vestige de l'époque romaine. Sur le Rhône, il y a aussi la ville d'Avignon, célèbre pour le palais des Papes et peut-être encore mieux connue à cause de la chanson "Sur le Pont d'Avignon." Il ne reste que la moitié° de ce pont, rendu célèbre par cette chansonnette.

Près de l'embouchure du Rhône se trouve Marseille, le plus grand port de France. De ce port, par temps clair, on peut voir le Château d'If, immortalisé dans le roman *Le Comte de Monte-Cristo,* écrit par Alexandre Dumas, père. En longeant° la côte de la Méditerranée, de Marseille à Nice, on se trouve sur la côte d'Azur. Tout le long de cette côte, il y a de petites villes, toutes plus belles les unes que les autres. Les deux villes les plus connues sont Cannes,

enchanteur *charming*

courses de taureaux *bullfights*

la moitié *half*

en longeant *traveling along*

Les jardins de Nîmes (Provence)

Le pont d'Avignon

avec sa belle plage, et Nice, avec son boulevard splendide appelé Promenade des Anglais.

En quittant la côte, on trouve pas loin de ces deux villes, la ville de Grasse, au centre de la région où se fait la cultures des fleurs desquelles on extrait l'essence pour la parfumerie. Le ciel ensoleillé° de la Provence se reflète dans l'esprit joyeux et vivant des Provençaux.

ensoleillé *sunny*

---

1. En quoi la France était-elle divisée avant la Révolution française? Après la Révolution?
2. Pourquoi est-ce que l'Île-de-France est importante dans l'histoire du pays?
3. Comment s'appelle la dynastie que Hugues Capet a fondée et combien de temps a-t-elle duré?
4. Quelle province est connue comme "le jardin de la France"?
5. Quel événement historique a eu lieu dans cette province?
6. Comment s'appelle le château le plus grand de cette région? Sous le règne de quel roi fut-il bâti?

Nice: Baie des Anges

7. Quel grand écrivain est né à Chinon et qu'est-ce qu'il a écrit?
8. Comment s'appellent les grands monuments de pierre que l'on trouve en Bretagne?
9. De quoi dépendent les Bretons pour gagner leur vie?
10. Quels ports importants se trouvent en Bretagne?
11. Qu'est-ce que l'on aperçoit entre la Bretagne et la Normandie?
12. Quel est le Normand le plus connu de l'histoire? Pourquoi est-il important?
13. Qu'est-ce qui s'est passé en Normandie pendant la Seconde Guerre mondiale?
14. Nommez trois produits importants de la Normandie.
15. Où se trouvent les provinces de l'Alsace et de la Lorraine?
16. À la fin de quelle guerre la France a-t-elle perdu ces provinces? Par quel traité les a-t-elle regagnées?
17. Pourquoi la ville de Strasbourg est-elle célèbre?
18. Quelle statue célèbre Bartholdi a-t-il sculptée?
19. Pourquoi la ville d'Avignon est-elle renommée?
20. Comment s'appelle la côte de la Méditerranée de Marseille à Nice? Nommez deux villes connues situées sur cette côte.
21. Pourquoi la ville de Grasse est-elle renommée?

L'histoire
de la France

6

Vercingétorix et Jules César

Au temps de l'invasion romaine, la région que l'on appelle aujourd'hui la France était habitée par plusieurs centaines° de tribus.° Une tribu importante était celle des Celtes. Jules César a unifié et donné un seul nom à ces tribus. Il les a appelées les Gaulois et a nommé le pays la Gaule.

centaines *hundreds*
tribus *tribes*

La Gaule fut° conquise° entièrement par les armées de César. Mais les Gaulois ne se sont pas soumis° sans une forte lutte. Le grand chef des Gaulois s'appelait Vercingétorix, un jeune homme audacieux° de dix-huit ans qui a uni les tribus de la Gaule pour sauver son pays. C'est dans la petite ville fortifiée d'Alésia, lorsque les troupes gauloises mouraient de faim, que Vercingétorix fut forcé de se rendre° à César. Ce jeune guerrier courageux et fier a revêtu° sa plus belle armure et, portant toutes ses armes, s'est rendu à César qui l'a fait prisonnier. César a interné° Vercingétorix à Rome où, après six ans de captivité, il est mort décapité° par les Romains.

fut *was* (passé simple)
conquise *conquered*
ne se sont pas soumis *did not submit*
audacieux *daring*

se rendre *to surrender*
a revêtu *put on*

a interné *imprisoned*
décapité *beheaded*

La conquête romaine de la Gaule a exercé° une grande influence, pendant cinq siècles, sur la langue et la civilisation françaises.

a exercé *exercised*

Vercingétorix

1. Au temps de l'invasion romaine, qui habitait la région que l'on appelle aujourd'hui la France?
2. Quel nom César a-t-il donné à toutes ces tribus? Au pays?
3. Qui est Vercingétorix?
4. Quel âge avait-il au temps de la lutte contre les armées de César?
5. Comment s'appelle la ville fortifiée où Vercingétorix fut forcé de se rendre à César?
6. Où César a-t-il interné ce jeune homme courageux?
7. Après combien d'années de captivité est-il mort? Comment est-il mort?
8. Pourquoi la conquête romaine du pays est-elle importante?

7

Sainte-Geneviève et Attila

Cinq siècles après la première invasion romaine menée par César, la Gaule en a subi° une autre bien pire.° Les "barbares,"° ainsi appelés par les Grecs et les Romains, sont venus de l'Asie, attirés° par la richesse du pays, pour piller° les villes gauloises. C'étaient des hommes féroces° et cruels. Le plus féroce était le chef des Huns, Attila. Il disait: "Là où mon cheval pose le pied, l'herbe ne pousse plus."°

Les soldats gaulois furent° incapables d'arrêter les barbares, et Attila, victorieux, a mené ses guerriers° jusqu'aux portes de Paris. Les habitants de cette ville voulaient s'enfuir,° terrorisés par l'arrivée d'Attila et de ses troupes féroces. Mais Geneviève, une bergère° pieuse,° a encouragé le peuple à prier et à ne pas s'enfuir. Leurs prières furent exaucées° lorsque Attila a dirigé° son armée vers Orléans. La ville de Paris fut épargnée° à cause du courage et de l'exemple de cette jeune fille. Depuis ce jour, elle est appelée Sainte-Geneviève, patronne de Paris.

a subi *endured*
pire *worse*
barbares *barbarians*
attirés *attracted*
piller *to pillage*
féroces *fierce*

ne pousse plus *no longer grows*
furent *were* (passé simple)
guerriers *warriors*
s'enfuir *to flee*
bergère *shepherdess*
pieuse *pious*
exaucées *answered*
a dirigé *directed*
fut épargnée *was spared*

---

1. Qui a envahi la Gaule cinq siècles après l'invasion romaine?
2. D'où sont-ils venus et pourquoi ont-ils envahi la Gaule?

Défaite d'Attila

3. Comment s'appelle le chef le plus féroce?
4. Qu'est-ce qu'il disait?
5. Ce chef a mené ses guerriers jusqu'aux portes de quelle ville?
6. Qu'est-ce que les habitants voulaient faire? Pourquoi?
7. Qui a encouragé les habitants de la ville à prier et à rester dans leur ville?
   Est-ce que leurs prières furent exaucées?
8. Depuis ce jour, comment les habitants appellent-ils la jeune fille qui a sauvé leur ville?

8

Clovis, le premier roi des Francs

Pendant les grandes invasions des barbares, les peuples germaniques, qui se sont battus° contre les Huns, se sont établis en Gaule. Ces peuples étaient les Wisigoths, les Burgondes et les Francs. Les Francs, menés par leurs chefs Mérovée et Clovis, ont conquis la Gaule et ont donné leur nom à ce pays qui est devenu la France.

se sont battus *fought*

Le petit-fils de Mérovée, Clovis, n'avait que quinze ans lorsque les Francs l'ont choisi comme chef. Il a conquis plusieurs villes dont une était Reims, où il a fait la connaissance d'une jeune princesse chrétienne° qu'il a épousée.° Cette princesse, Clotilde, étant devenue° sa femme, voulait le convertir au christianisme, mais il a résisté à sa volonté. Pendant la grande bataille de Tolbiac, qu'il a failli perdre,° et dans un moment de désespoir,° il a prié le Dieu de Clotilde, lui demandant de venir à son aide et lui promettant de se convertir s'il remportait° la victoire. Il a gagné la bataille et, fidèle° à sa promesse, il s'est fait baptiser à Reims en l'an 496. En même temps que lui, trois mille de ses soldats se sont convertis au christianisme. Clovis fut° donc le premier roi de France. Pendant douze siècles, tous les rois de France furent couronnés° à Reims.

chrétienne *Christian*
épousée *married*
étant devenue *having become*

a failli perdre *nearly lost*
désespoir *despair*
remportait *won*
fidèle *faithful*

fut *was* (passé simple)

furent couronnés *were crowned*

La cathédrale de Reims

---

1. Quels peuples se sont battus contre les Huns?
2. Comment s'appelle le peuple qui a conquis la Gaule?
3. Comment s'appellent leurs chefs?
4. Qui est devenu chef des Francs?
5. Qui a-t-il épousé?
6. Qu'est-ce que le chef a fait pendant la bataille de Tolbiac?
7. Qu'est-ce qu'il a fait après avoir gagné la bataille? Et trois mille de ses soldats?
8. Où les rois de France furent-ils couronnés pendant douze siècles?

9 *Charles Martel et l'invasion des Arabes*

Après la mort de Clovis, les rois de la dynastie mérovingienne, établie par le grand-père de Clovis, Mérovée, s'occupaient peu de° la gestion° de leur royaume.° À cause de leur négligence, leur autorité s'est affaiblie.° C'est alors que le premier ministre, appelé le Maire du palais, a pris le pouvoir.

Une nouvelle invasion menaçait la France. Les Arabes, un peuple instruit° et avancé, avaient déjà conquis l'Afrique du Nord et l'Espagne. Ils ont traversé les Pyrénées pour envahir° la France. Cette invasion a mis l'Europe chrétienne en danger parce que ces envahisseurs étaient des disciples de Mahomet et leur religion était la religion musulmane.°

Les Arabes ont pénétré en France jusqu'à la ville de Poitiers. C'est là qu'ils ont rencontré les Francs menés par Charles Martel, le Maire du palais. Les Arabes ont attaqué plusieurs fois. Chaque fois Charles Martel les a arrêtés et finalement les a repoussés jusqu'en Espagne. On peut dire que la civilisation chrétienne fut sauvée° à la bataille de Poitiers en l'an 732 de l'ère° chrétienne.

s'occupaient peu de *took little care of*
gestion *administration*
royaume *kingdom*
s'est affaiblie *weakened*

instruit *educated*

envahir *to invade*

musulmane *Islamic*

fut sauvée *was saved*
ère *era*

Gentilhomme et porteur d'eau mauresques

1. Pourquoi l'autorité des rois de la dynastie mérovingienne s'est-elle affaiblie?
2. Qui a pris le pouvoir?
3. Quel peuple menaçait la France à cette époque? Quels pays avaient-ils déjà conquis?
4. Pourquoi cette invasion a-t-elle mis en danger l'Europe chrétienne?
5. Comment s'appelait le Maire de palais? A-t-il réussi à arrêter les envahisseurs?
6. Quelle était la date de la bataille où l'on peut dire que la civilisation chrétienne fut sauvée?

10

Charlemagne et son grand empire

Le fils de Charles Martel, Pépin le Bref,° a succédé à son père comme Maire du palais. Il s'est ensuite fait sacrer° roi de France. Il a établi une nouvelle dynastie, et les rois de cette dynastie sont appelés les Carolingiens. Le plus grand roi carolingien fut° Charlemagne.° C'était un guerrier courageux et il a fait plusieurs expéditions militaires par lesquelles il a réussi à former un empire immense. Ce grand monarque fut couronné° empereur par le pape à Rome le jour de Noël de l'an 800.

Charlemagne a beaucoup contribué à la civilisation de la France, et peut-être du monde. Il a fait construire des routes. Il a fondé des villes. Il a établi des écoles pour les enfants et pour former le clergé.° Pendant les dernières années de son règne,° il s'est intéressé aux arts et à la littérature, chose extraordinaire pour un roi de cette époque.

Après la mort de Charlemagne, son grand empire fut divisé entre ses trois petits-fils et le pouvoir de la monarchie s'est de nouveau affaibli.°

Pépin le Bref *Pepin the Short*

il s'est ensuite fait sacrer *he then had himself crowned*

fut *was* (passé simple)

Charlemagne *Charles the Great*

couronné *crowned*

clergé *clergy*

règne *reign*

s'est de nouveau affaibli *was again weakened*

1. Qui a établi une nouvelle dynastie après la mort de Charles Martel?
2. Comment s'appellent les rois de cette dynastie?

Charlemagne visite une école.

3. Qui fut le plus grand roi de la dynastie carolingienne?
4. Comment a-t-il réussi à former un empire immense?
5. Où fut-il couronné empereur? Par qui et quand?
6. Comment Charlemagne a-t-il contribué au développement de la civilisation de la France?
7. Après la mort de Charlemagne, pourquoi le pouvoir de la monarchie s'est-il affaibli de nouveau?

11

Guillaume le Conquérant

Le partage° de l'empire de Charlemagne, ayant affaibli° le pouvoir du roi, a encouragé de nouvelles invasions. La plus importante de ces invasions fut° celle des Hommes du Nord, les Normands. Pour apaiser° ce peuple scandinave, le roi de France leur a cédé° un grand territoire qui fut appelé la Normandie.

En 1066, un événement° d'une grande importance historique eut lieu.° Un duc puissant° de la Normandie, Guillaume le Conquérant, a vaincu° le roi d'Angleterre, Harold, à la bataille de Hastings. Après cette victoire, Guillaume s'est fait couronner roi d'Angleterre.

Les résultats de cette invasion de l'Angleterre furent considérables. Les Normands ont apporté° leur langue et leurs coutumes, et ils ont établi le système féodal en Angleterre. Mais peut-être le résultat le plus important fut la lutte sanguinaire° entre la France et l'Angleterre qui a duré des siècles. Les rois d'Angleterre, descendants de Guillaume le Conquérant, possédaient, par la succession et par des mariages, presque la moitié de la France. À cause de ce fait, les rois de ces deux grands pays se sont fait la guerre pendant plusieurs siècles.

partage *division*
ayant affaibli *having weakened*
fut *was* (passé simple)
apaiser *to appease*
a cédé *gave up, surrendered*

événement *event*
eut lieu *took place*
puissant *powerful*
a vaincu *conquered*

ont apporté *brought*

sanguinaire *bloody*

Guillaume le Conquérant

1. Quelles nouvelles invasions y a-t-il eu à cause du partage de l'empire de Charlemagne?
2. Qu'est-ce que le roi a fait pour apaiser ce peuple?
3. Quel personnage historique est devenu un duc puissant de cette province?
4. Pourquoi est-il si bien connu dans l'histoire européenne?
5. Contre quel roi s'est-il battu et quel nom donne-t-on à cette bataille?
6. Quels sont quelques résultats importants de cette invasion?
7. Pourquoi les rois de France et d'Angleterre se sont-ils fait la guerre pendant plusieurs siècles?

12

Saint Louis, un grand Croisé°

Pendant le onzième siècle, deux événements historiques eurent lieu:° la conquête de l'Angleterre par le duc de Normandie et de début° des Croisades.° Ces Croisades avaient pour but° la libération de Jérusalem, en Terre sainte, occupée par les Turcs qui étaient des musulmans.

Un des plus grands Croisés de la France fut° le roi Louis IX. Sa mère, Blanche de Castille, était une femme intelligente et pieuse. Elle a donné de beaux principes à son fils qui plus tard a gouverné son royaume avec sagesse° et justice. Connu dans l'histoire sous le nom de Saint Louis, il est souvent appelé le meilleur roi de France. Il a entrepris° deux Croisades en Terre sainte. Pendant sa deuxième Croisade, en 1270, il est mort de la peste° sans avoir jamais vu Jérusalem.

Les Croisades ont duré plus de deux cent ans. Leur longue durée° a beaucoup contribué à la dissolution du système féodal, parce que les seigneurs° étaient forcés de vendre leurs terres° pour financer leurs expéditions. Les Croisades ont aussi mis en contact les hommes de deux grandes civilisations, celle de l'Occident et celle de l'Orient. Ce contact a produit des échanges culturels et commerciaux, qui ont établi plus de rapport° entre ces deux peuples. Le

Croisé *Crusader*

eurent lieu *took place*

début *beginning*
Croisades *Crusades*
but *aim, objective*

fut *was*

sagesse *wisdom*

a entrepris *undertook*

peste *plague*

durée *duration*
seigneurs *lords, nobles*
terres *lands*

rapport *relationship*

Saint Louis

commerce entre l'Occident et l'Orient a encouragé le
développement de villes le long des routes commerciales.

La libération de la Terre sainte, qui était le but
des Croisades, ne fut jamais accomplie.° Mais les Croisades
ont, néanmoins,° beaucoup contribué à l'avancement de la
civilisation occidentale.

ne fut jamais accomplie
*was never accom-
plished*
néanmoins *nevertheless*

---

1. Citez deux événements historiques qui eurent lieu pendant le onzième siècle.
2. Quel fut le but des Croisades?
3. Comment s'appelle un des plus grands Croisés de la France?
4. Qui était sa mère et qu'est-ce qu'elle a donné à son fils?
5. Est-ce que Saint Louis était un bon ou un mauvais roi?
6. Combien de Croisades furent entreprises par ce roi?
7. Quand et de quoi est-il mort?
8. Combien de temps les Croisades ont-elles duré?
9. Pourquoi la longue durée des Croisades a-t-elle contribué à la dissolution du système féodal?
10. Citez quelques résultats des Croisades.
11. Est-ce que le but des Croisades fut accompli?

13

Jeanne d'Arc

Au début du quatorzième siècle, le roi d'Angleterre, Edouard III, a recommencé la lutte entre la France et l'Angleterre pour s'emparer° du trône français. On appelle cette lutte "la guerre de Cent Ans" parce qu'elle a commencé en 1337 et s'est terminée en 1453. Deux grandes batailles de cette guerre eurent lieu° à Crécy et à Azincourt. Ces deux combats furent gagnés° par les Anglais.

Les successeurs d'Edouard III ont continué à faire la guerre jusqu'à la mort de Charles VI, le roi français qui, en 1422, a signé un traité par lequel il donnait la France au roi d'Angleterre. Les Anglais occupaient, alors, une grande partie de la France y compris° les villes de Paris, Reims et Bordeaux. La France semblait perdue. Mais à ce temps-là, il y avait une jeune fille pieuse et courageuse qui voulait sauver son pays.

Tout le monde connaît l'histoire de Jeanne d'Arc et les voix qui l'ont inspirée à entreprendre° le long voyage de Domrémy[6] à Chinon pour voir le dauphin et l'aider à chasser les Anglais de son pays. Un jeune homme irrésolu,°

s'emparer de *to seize*

eurent lieu *took place*
furent gagnés *were won*

y compris *including*

entreprendre *to undertake*

irrésolu *indecisive*

---

6. Domrémy: Jeanne d'Arc was born and lived in the village of Domrémy in Lorraine.

---

le dauphin craignait° l'idée d'attaquer les Anglais. Jeanne d'Arc l'en a convaincu et il lui a confié° la conduite° d'une armée qu'elle a menée à la victoire contre les Anglais à la bataille d'Orléans.

      Après la libération de la ville d'Orléans, Jeanne d'Arc a conduit le dauphin à Reims où il fut couronné Charles VII, roi de France. Jeanne d'Arc voulait continuer la lutte pour libérer entièrement son pays. À la bataille de Compiègne, les Bourguignons, alliés des Anglais, l'ont faite prisonnière. Ils l'ont vendue aux Anglais qui l'ont emmenée° à Rouen. Là, elle fut accusée d'être sorcière.° Jugée et condamnée, elle fut brûlée vive° sur un bûcher.°

      La guerre de Cent Ans s'est terminée quelques années après la mort de Jeanne d'Arc. Les Anglais furent finalement chassés de France.

Ville d'Orléans, sur la Loire

craignait *feared*

a confié *entrusted*
conduite *direction*

l'ont emmenée *took her away*
sorcière *witch*
elle fut brûlée vive *she was burned alive*
sur un bûcher *at the stake*

1. Comment s'appellent les luttes entre la France et l'Angleterre qui ont commencé au quatorzième siècle?
2. Quel territoire les Anglais possédaient-ils en France?
3. Où Jeanne d'Arc est-elle née?
4. Pourquoi a-t-elle fait le voyage jusqu'à Chinon?
5. Où a-t-elle mené victorieusement son armée contre les Anglais?
6. Après sa grande victoire, où Jeanne d'Arc a-t-elle conduit le dauphin? Pourquoi?
7. Comment fut-elle faite prisonnière des Anglais?
8. De quoi les Anglais l'ont-ils accusée?
9. Où et comment est-elle morte?
10. Quel fut le résultat de cette guerre?

14

Louis XI unifie le royaume

La guerre de Cent Ans a délivré la France de ses ennemis mais elle a appauvri° le pays. Pendant cette période de guerre, le peuple s'était rendu compte de° l'importance d'un gouvernement central sous un monarque puissant.° Les grands seigneurs du système féodal avaient perdu leur pouvoir et, étant appauvris, ils se sont soumis volontiers° à l'autorité du roi. Mais il y en avait deux qui ont refusé de se soumettre à cette autorité. C'étaient les ducs de Bretagne et de Bourgogne. Le plus puissant de ces deux seigneurs était Charles le Téméraire,° duc de Bourgogne. Il était très ambitieux. Il voulait agrandir° son duché° et se libérer entièrement de l'autorité du roi.

Le roi de France à cette époque était Louis XI, homme rusé° et adroit° en diplomatie. Aidé par les Suisses, il a vaincu l'armée de Charles le Téméraire qui fut tué° à la bataille de Nancy. Après la mort du duc de Bourgogne, cette province est redevenue une partie du royaume français.

À la mort de Louis XI, le royaume était uni à l'exception du duché de Bretagne. Le fils de Louis XI, Charles VIII, a épousé Anne, la duchesse de Bretagne, et ainsi l'unification de la France fut accomplie.

a appauvri *impoverished*
s'était rendu compte de *had understood*
puissant *powerful*

ils se sont soumis volontiers *they submitted voluntarily*

téméraire *bold*
agrandir *to enlarge*
duché *duchy*

rusé *wily, crafty*
adroit *clever*
fut tué *was killed*

Le château de Clos-de-Vougeot et sa vigne, Bourgogne

1. Pendant la guerre de Cent Ans, de quoi les Français se sont-ils rendu compte?
2. Pourquoi les grands seigneurs du système féodal se sont-ils soumis volontiers à l'autorité du roi?
3. Quels seigneurs ont refusé de se soumettre à cette autorité? Lequel était le plus puissant?
4. Qu'est-ce qu'il voulait?
5. Comment s'appelait le roi de France à cette époque? Quel genre d'homme était-il?
6. Où a-t-il vaincu l'armée du seigneur qui a refusé de se soumettre à son autorité?
7. Après la mort de ce seigneur, qu'est-ce qui est arrivé?
8. Comment l'unification du royaume fut-elle accomplie?

Chenonceaux

15

François Ier

Charles VIII s'est trouvé souverain° d'un grand royaume uni.° L'Italie à cette époque était divisée et faible. Charles VIII et son cousin, Louis XII, ont fait des expéditions en Italie contre les duchés de Naples et de Milan.[7] Leur successeur, François Ier, a continué à faire des expéditions militaires en Italie pour acquérir° ces duchés. Aucune de ces expéditions guerrières n'a réussi. Cependant, il y eut° de bons résultats.

souverain *king*
uni *united*

acquérir *to obtain, acquire*
il y eut *there were*

Pendant ces entreprises militaires, les Français se sont mis en contact avec la civilisation italienne. Les seigneurs français habitaient toujours des châteaux forts° sombres et sans aucun décor. Quand ils ont vu les splendides palais de marbre où habitaient les seigneurs italiens, ils ont voulu les imiter.

châteaux forts *fortresses*

François Ier a invité les artistes et les architectes italiens à venir en France. Ils y ont produit de grandes œuvres d'art. Ainsi la Renaissance a commencé à fleurir° en France. On peut voir l'influence italienne dans la construction et

fleurir *flourish*

---

7. The Duchies of Naples and Milan were part of the Holy Roman Empire over which Charles I of Spain ruled as Charles V, Emperor of the Holy Roman Empire.

l'ornementation des beaux châteaux de la vallée de la Loire. François Ier a fait bâtir le magnifique château de Chambord. Il a fait bâtir aussi le château de Fontainebleau qui se trouve près d'une belle forêt pas loin de Paris, où il aimait aller à la chasse.°

aller à la chasse *to go hunting*

      Ce roi a fait beaucoup pour encourager le développement de l'art français. Il s'intéressait aussi à l'éducation et à la littérature. Il a fondé des écoles et des bibliothèques. Parmi les grands écrivains français de la Renaissance, il y a Rabelais et Montaigne. Un grand poète de la Renaissance est Ronsard.

      François Ier était non seulement un mécène,° mais aussi un homme d'état. Sous son règne, l'unification du pays fut assurée.°

mécène *patron of the arts*

fut assurée *was assured*

François Ier

1. Qu'est-ce que François Ier a continué?
2. Est-ce que toutes ses entreprises ont réussi?
3. Qu'est-ce que les seigneurs français ont trouvé pendant ces expéditions?
4. Qui François Ier a-t-il invité à venir en France?
5. Comment s'appelle cette époque dans l'histoire de la France?
6. Qu'est-ce que l'on peut voir aujourd'hui en France?
7. Qu'est-ce que François Ier a fait bâtir?
8. Nommez quelques accomplissements de ce roi.
9. Qu'est-ce qui fut assuré pendant le règne de François Ier?

Le château de Chambord

16

Henri IV

Pendant la Renaissance, il y eut un grand mouvement religieux qui fut commencé en Allemagne par Martin Luther, et qui fut propagé° en France par Calvin. On appelle ce mouvement la Réforme. La doctrine révolutionnaire de Luther fut appelée le protestantisme. Cette doctrine fut condamnée par l'Église catholique.

propagé *spread*

Sous le règne de Henri II, de Charles IX et de Henri III, les guerres de religion ont commencé. Henri III est mort sans héritier.° Son cousin, Henri de Navarre, était l'héritier légitime du trône. Mais il était huguenot, c'est-à-dire un protestant français.

héritier *heir*

Il a hérité du trône en 1589, mais il lui a fallu cinq ans avant d'être sacré roi de France. Pendant ces cinq années, Henri de Navarre s'est battu contre les forces catholiques qui ne voulaient pas accepter un roi huguenot. Finalement, pour mettre fin aux misères de ces guerres civiles de religion, il s'est fait catholique.

Après sa conversion, le peuple l'a accepté comme roi sous le nom de Henri IV. Il est devenu un des meilleurs rois de France. Il est souvent appelé "le bon roi Henri." La France a connu la prospérité sous son règne. Il a encouragé le commerce. Il a fait construire des routes. Il a remonté l'économie française après ces guerres désastreuses. Mais la plus grande contribution faite par Henri IV fut l'Édit° de Nantes, qui a autorisé les protestants à pratiquer leur religion. Cet édit a proclamé, pour la première fois dans l'histoire moderne, la tolérance religieuse.

édit *edict, proclamation*

     Malheureusement pour la France, Henri IV n'a régné que seize ans. Malgré sa popularité parmi le peuple, il fut assassiné en 1610 par un fanatique religieux, Ravaillac.

---

1. Quel grand mouvement fut commencé en Allemagne pendant la Renaissance? Par qui?
2. Qui a propagé ce mouvement en France?
3. Qu'est-ce que l'on appelle la doctrine du mouvement?
4. Comment s'appellent les guerres qui ont commencé pendant le règne de Henri II?
5. Qui était l'héritier légitime du trône après la mort de Henri III?
6. Après avoir hérité du trône en 1589, pourquoi lui a-t-il fallu cinq ans avant d'être sacré roi de France?
7. Qu'est-ce qu'il a fait pour se faire sacrer roi?
8. Comment est-il souvent appelé? Pourquoi?
9. Quelle fut la plus grande contribution faite par Henri IV?
10. Qu'est-ce que ce document a assuré au peuple français?
11. Comment Henri IV est-il mort?

Le massacre de la Saint-Barthélemy: la mise à mort des principaux chefs protestants dans la nuit du 24 août, 1572 sous le règne de Charles IX

17

La monarchie absolue et Louis XIV

Le fils de Henri IV, Louis XIII, n'avait que neuf ans à la mort de son père. C'est sa mère, Marie de Médicis, qui a gouverné comme régente° pendant sa minorité.° Pendant sa régence,° les grands seigneurs et les huguenots se sont agités° de nouveau.° Quand Louis XIII a pris le pouvoir, la France était encore troublée. Le jeune roi avait comme premier ministre et conseiller° le cardinal Richelieu.

Le cardinal était un homme ambitieux et d'un caractère énergique et volontaire.° Il n'hésitait jamais à prendre les mesures nécessaires quand des problèmes graves le confrontaient. Il a réprimé° les révoltes des nobles et des huguenots. Par conséquent, il a pu établir en France le pouvoir absolu de la monarchie. Cet homme d'église est devenu un grand homme d'état.

À cause des accomplissements de Richelieu, qui a préparé les voies° pour le grand règne de Louis XIV, ce roi a pu dire: "L'état, c'est moi." Le pouvoir absolu du monarque français fut enfin un fait accompli au dix-septième siècle.

La cour de Louis XIV est devenue la plus magnifique d'Europe. Il a fait bâtir le splendide palais de Versailles

régente *regent, person governing temporarily*
minorité *minority, period of life before adulthood*
régence *regency, rule by the regent*
se sont agités *revolted*
de nouveau *once again*
conseiller *adviser*
volontaire *willful*
a réprimé *suppressed*

a préparé les voies *prepared the way*

avec son grand parc, ses beaux jardins et son intérieur somptueux. Un bel exemple des salles magnifiques est la Galerie des Glaces.° Le roi a encouragé le développement des arts, de la musique, de la littérature et du théâtre. En raison de sa cour brillante, Louis XIV fut surnommé "le Roi-Soleil."

glaces *mirrors*

Pendant son règne, qui a duré soixante-douze ans (1643-1715), Louis XIV a entrepris plusieurs guerres. Au début, il fut victorieux contre ses ennemis: l'Espagne, l'Allemagne et l'Angleterre. La France était alors une grande puissance° militaire. Mais les guerres ont fait beaucoup de mal à° la France. Ces guerres étaient très coûteuses.° Le peuple français a dû financer les guerres aussi bien que les extravagances de la cour en payant des impôts° énormes.

puissance *power*
ont fait mal à *did harm to*
coûteuses *expensive*
impôts *taxes*

Un autre grand malheur fut celui de la révocation de l'Édit de Nantes par Louis XIV. Par cet acte, le maître° absolu a obligé les huguenots à fuir° le pays, et la France a perdu une grande partie de la population productive du pays.[8]

maître *master*
fuir *flee*

Malgré les malheurs imposés au peuple pendant ce siècle, il y eut un événement de grande portée° dans le monde littéraire. En 1635, Richelieu, avec l'approbation° du roi, a fondé l'Académie française. Cette Académie avait comme but° la conservation de la pureté, la clarté et l'éloquence de la langue française. Il y eut de grands écrivains et de grands philosophes au dix-septième siècle. Grâce à l'encouragement royal, les écrivains français de cette période ont pu se dévouer° entièrement à leurs œuvres et ainsi ont fait une grande contribution à la littérature du monde. On trouve parmi les grands noms de cette époque Descartes,[9] Corneille, Racine et Molière. C'est pourquoi on appelle ce siècle "L'Âge d'Or."

de grande portée *of great importance*
l'approbation *approval*

but *goal*

se dévouer *devote themselves*

---

8. Population productive du pays: A large percentage of the artisans and merchants were Huguenots and many of them, forced to leave France, took refuge in England, Holland, and the colonies in America.
    9. Descartes was a French philosopher and mathematician in whose writings modern philosophy has its basis. Corneille and Racine wrote the great French tragedies of the seventeenth century, while Molière is known for his comedies.

Le palais de Versailles

1. Qui a gouverné pendant la minorité de Louis XIII?
2. Qui a servi le jeune roi comme premier ministre et conseiller?
3. De quel caractère était ce ministre?
4. Qu'est-ce qu'il a pu établir?
5. À cause des accomplissements de cet homme, qu'est-ce que Louis XIV a pu dire?
6. Qu'est-ce que Louis XIV a fait bâtir?
7. Qu'est-ce qu'il a encouragé?
8. Comment fut surnommé Louis XIV?
9. Combien de temps le règne de Louis XIV a-t-il duré?
10. Quel fut le résultat des guerres qu'il a entreprises?
11. En plus des guerres de Louis XIV, qu'est-ce que le peuple français a dû financer?
12. Quel grand malheur Louis XIV a-t-il causé à la fin de son règne?
13. Quel en fut le résultat?
14. Avec l'approbation du roi, quelle institution Richelieu a-t-il fondée?
15. Quel était le but de cette institution?
16. Nommez quatre grands écrivains de ce siècle. Pourquoi ont-ils pu faire une grande contribution à la littérature du monde?
17. Comment appelle-t-on cette époque dans le monde littéraire?

Le roi Louis XVI

18

Louis XV et Louis XVI

Louis XIV, ayant perdu° son fils et son petit-fils, eut pour successeur son arrière-petit-fils,° Louis XV. Louis XV a régné pendant presque cinquante ans. Malheureusement pour la France, il a commis les mêmes erreurs que Louis XIV. Il aimait trop les guerres et il avait les goûts extravagants de son prédécesseur. S'il s'était plus occupé des affaires d'état, il aurait peut-être pu sauver la France des événements sanglants° qui ont suivi son règne. C'est lui qui a dit: "Après moi, le déluge." Il avait bien raison.

Son successeur, Louis XVI, ne savait pas diriger le pays. Louis XVI avait épousé une princesse autrichienne,° Marie-Antoinette, une belle et charmante jeune fille. Mais elle était aussi frivole. La vie à la cour est devenue de plus en plus extravagante, et le trésor s'est épuisé° de plus en plus.

Le mécontentement° du peuple s'est répandu,° encouragé par les grands écrivains de cette époque, Voltaire, Montesquieu et Rousseau. Ces écrivains ont fait ressortir° dans leurs œuvres les injustices politiques, sociales et religieuses. Leurs idées démocratiques se sont propagées en France, en Europe et même en Amérique, où les colons°

ayant perdu *having lost*

arrière-petit-fils *great-grandson*

sanglants *bloody*

autrichienne *Austrian*

le trésor s'est épuisé *the treasury was depleted*

mécontentement *discontent*

s'est répandu *spread*

ont fait ressortir *emphasized, highlighted*

colons *colonists*

Jean-Jacques Rousseau et Madame d'Épinay

étaient en train de lutter contre l'Angleterre pour obtenir leur indépendance.

La France a participé à cette lutte.[10] Les colons ont reçu non seulement une assistance monétaire de Louis XVI, mais aussi une assistance militaire offerte par plusieurs jeunes officiers français qui croyaient aux idées démocratiques pour lesquelles les colons luttaient. Le plus notable de ces officiers était le marquis de La Fayette.

À cause des extravagances de la cour et des dépenses de guerre, le trésor était vide. Louis XVI a convoqué° les États généraux[11] pour demander une augmentation° des impôts. Les États généraux étaient composés de députés qui représentaient trois groupes sociaux et économiques: le clergé, la noblesse et le tiers état.° Les députés du tiers état représentaient la bourgeoisie et le peuple, c'est-à-dire, la majorité de la population du pays. Les membres de ce parlement votaient par groupes au lieu de voter par "tête." Cela voulait dire que la noblesse et le clergé votaient toujours

a convoqué *called together*

augmentation *increase*

le tiers état *the third estate*

---

10. Cette lutte: Benjamin Franklin went to France to seek financial and military aid for the American colonists fighting for independence. This assistance was not too difficult to obtain because France was anxious to see her ancient enemy, England, lose her colonial empire in the New World. After the Revolution, Benjamin Franklin was the first American ambassador to the court of Louis XVI.

11. Les États généraux: Philippe le Bel, making a bid for popular support from his subjects, formed the first parliament in 1302, called les États généraux, or Estates General. The new assembly was composed of representatives of the nobility, the clergy, and the bourgeoisie. It was called into session only at the order of the king in times of crisis or when unusual taxes were needed. Prior to the reign of Louis XVI, the Estates General had not been convoked since the time of Richelieu when the monarchy became absolute.

---

ensemble et en leur propre faveur. Par conséquent, le tiers état n'avait aucune voix au gouvernement.

La noblesse et le clergé avaient certains privilèges qui étaient refusés au tiers état. Par exemple, un de ces privilèges était l'exemption d'impôts. Parmi les réformes que les membres du tiers état demandaient était la suppression de ces privilèges. Sous l'influence de la noblesse et du clergé, le roi a dissous° les États généraux sans aucune réforme. Leurs réformes ayant été refusées, les députés du tiers état se sont révoltés et puis se sont réunis séparément pour former l'Assemblée constituante.° Cette action a fait peur° au roi et il a reconvoqué les États généraux en donnant au parlement le droit de voter par "tête." Mais le roi, toujours inquiet,° a appelé ses troupes pour se protéger. Les citoyens de Paris, agités par le mouvement de ces troupes, ont attaqué la Bastille le quatorze juillet, 1789. Dans cette prison étaient enfermés° les prisonniers politiques du roi. Les citoyens de Paris ont libéré les prisonniers et ont détruit° la prison. C'était le commencement de la Révolution française.

a dissous *dissolved*

constituante *constituent, having delegated authority*
a fait peur à *frightened*
inquiet *worried*

enfermés *imprisoned*

ont détruit *destroyed*

---

1. Combien de temps Louis XV a-t-il régné?
2. Quelles erreurs a-t-il commises pendant son règne?
3. Qu'est-ce qu'il a dit? Avait-il raison?
4. Est-ce que son successeur, Louis XVI, savait diriger l'état?
5. Qui a-t-il épousé?
6. Comment la vie à la cour est-elle devenue?
7. Quel en fut le résultat?
8. Nommez trois grands écrivains qui eurent une grande influence sur le peuple français à cette époque.
9. À quelle lutte la France a-t-elle participé pendant les premières années du règne de Louis XVI?
10. Pourquoi les jeunes officiers français voulaient-ils participer à cette lutte?
11. Pourquoi Louis XVI a-t-il convoqué les États généraux?
12. Quelles classes sociales les députés des États généraux représentaient-ils?
13. Comment votaient les membres des États généraux?
14. Qu'est-ce que cela voulait dire?
15. Quelle réforme est-ce que le tiers état demandait?
16. Après la dissolution des États généraux, qu'est-ce que les députés du tiers état ont fait?
17. Quand le roi a voulu se protéger, qu'est-ce que les citoyens de Paris ont fait?
18. Donnez la date de cet événement.
19. Qu'est-ce qui fut commencé par cet acte?

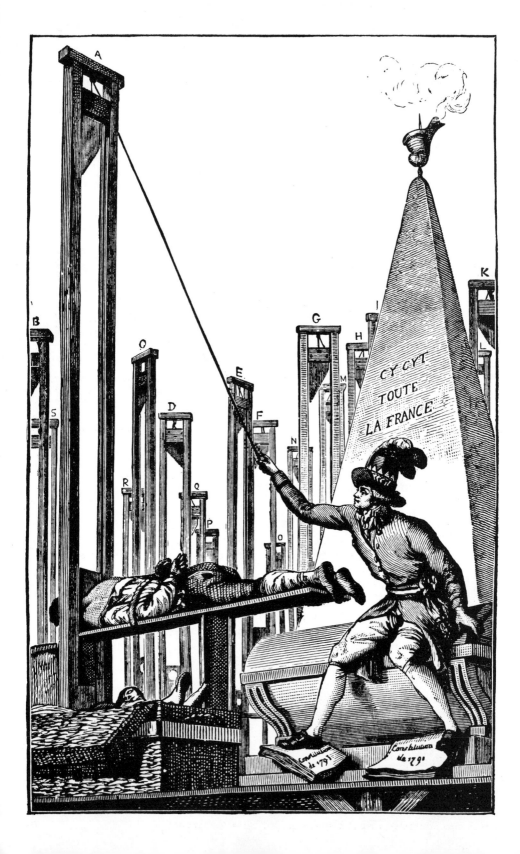

19

La Révolution française

Après la prise° de la Bastille, l'Assemblée nationale a proclamé l'égalité° de tous les Français. La noblesse et le clergé ont renoncé à leurs privilèges. Mais de graves problèmes existaient toujours en France. L'agitation du peuple continuait. Le roi a essayé de fuir la France avec sa famille mais fut arrêté et emprisonné. Les émigrés° nobles, qui se sont échappés° de France, voulaient rétablir l'ancien régime. Ils ont incité l'Autriche° et la Prusse° à attaquer la France, affaiblie° économiquement et militairement.

Les révolutionnaires croyaient que leur roi s'était allié° avec des puissances étrangères pour se libérer. C'est alors que les révolutionnaires ont aboli la monarchie pour établir un gouvernement républicain en France. En 1793, le roi, Louis XVI, fut guillotiné. Les autres monarques de l'Europe, alarmés par cet événement, ont formé une coalition contre la République française. Alors, la République fut menacée de deux côtés, par les armées étrangères à l'extérieur et par les royalistes à l'intérieur du pays.

Pour supprimer° tous les ennemis de la République, Robespierre, pendant son règne de la terreur, a mis à mort des milliers° de gens suspects y compris la reine,

prise *taking*
égalité *equality*

émigrés *refugees*
se sont échappés *escaped*
Autriche *Austria*
Prusse *Prussia*
affaiblie *weakened*
s'était allié *had allied himself*

supprimer *suppress*

milliers *thousands*

Dans ce dessin satirique, c'est Robespierre qui guillotine sa victime.

79

La prise de la Bastille

Marie-Antoinette. Le règne de la terreur n'a cessé qu'après l'exécution de Robespierre.

La nouvelle constitution fut adoptée. Cette constitution a garanti au peuple la liberté de conscience, du culte,° de presse et de réunion.° Cette première république a pris comme devise°:

culte *worship*
réunion *meeting, assembly*
devise *motto*

LIBERTÉ   ÉGALITÉ   FRATERNITÉ

---

1. Après la prise de la Bastille, qu'est-ce que l'Assemblée nationale a proclamé?
2. À quoi la noblesse et le clergé ont-ils renoncé?
3. Qu'est-ce que le roi a essayé de faire?
4. Qu'est-ce qui lui est arrivé?

L'arrestation de Voltaire

5. Que voulaient faire les émigrés nobles qui s'étaient échappés?
6. À quoi ont-ils incité l'Autriche et la Prusse?
7. Pourquoi les révolutionnaires ont-ils aboli la monarchie?
8. Quelle forme de gouvernement ont-ils établie?
9. Comment Louis XVI est-il mort?
10. Par quelles forces le nouveau gouvernement fut-il menacé?
11. Qui a essayé de supprimer les ennemis du pays? Qu'a-t-il fait?
12. Qu'est-ce qui a cessé après l'exécution de cet homme?
13. Qu'est-ce que la nouvelle constitution a garanti au peuple français?
14. Quelle était la devise de la première République française?

20

Le Grand Napoléon

La coalition des monarques européens, formée pendant la Révolution, menaçait toujours la France. Les armées françaises ont défendu obstinément° la nouvelle République contre les puissances étrangères. Parmi les grands officiers français qui se sont distingués pendant cette lutte, il y en avait un qui s'appelait Napoléon Bonaparte.

obstinément *obstinately*

Ce jeune soldat, né sur l'île de Corse,° était intelligent et ambitieux. À l'âge de vingt-six ans, il était déjà général en chef de l'armée qui a remporté° la victoire en Italie. Il était respecté et aimé de ses soldats. Ses exploits de guerre en Italie et en Egypte l'avaient rendu très populaire parmi le peuple.

Corse *Corsica, island off the southern coast of France*
a remporté *won*

Le gouvernement, à ce temps-là, était dans un état de corruption et la France, menacée de nouveau par des coalitions, avait besoin d'un chef courageux. Napoléon, en raison de° sa popularité, s'est fait nommer Premier consul. Cinq ans après, en 1804, il fut proclamé empereur des Français, et a pris le nom de Napoléon Ier.

en raison de *because of*

C'était un homme qui possédait plusieurs talents; il était à la fois° un grand soldat et un grand homme d'état. Il a fait beaucoup de bien pour le pays. Il a remonté l'économie de la France. Il a fait construire des routes et des

à la fois *at the same time*

Napoléon et son armée pendant la retraite de Moscou.

écoles. Il a rédigé° le Code civil qui existe toujours et est connu sous le nom du "Code Napoléon."

    Il avait épousé Joséphine de Beauharnais, mais il a ensuite divorcé pour se marier avec Marie-Louise, fille de l'empereur d'Autriche. Ils eurent un fils qui fut appelé le roi de Rome.[12]

    Sous le premier Empire, la France est redevenue une grande puissance redoutable° à cause des nombreuses campagnes militaires de Napoléon Ier. Mais en 1812, Napoléon a entrepris l'invasion de la Russie. Ses soldats ont occupé Moscou, la capitale russe. Les Russes avaient mis le feu° à la ville de Moscou et avaient détruit toutes les provisions. Sans nourriture° et sans protection contre l'hiver sévère de Russie, l'armée française fut forcée de battre en retraite. Cette campagne, qui a duré deux ans, fut désastreuse pour la France et pour Napoléon.

    En 1814, il fut obligé d'abdiquer. Les Bourbons ont repris le pouvoir sous Louis XVIII,[13] frère de Louis XVI. Napoléon fut exilé à l'île d'Elbe dans la Méditerranée pas loin de la Corse où il est né. On aurait cru que ces événements auraient mis fin aux pouvoirs de Napoléon. Mais un an plus tard, le peuple français de nouveau sous la monarchie a manifesté son mécontentement. Napoléon en a profité pour revenir en France et pour réunir une armée. Il a mené son armée à travers la France jusqu'en Belgique où il a rencontré les Anglais. En 1815, cent jours après son retour en France, il fut vaincu° à la bataille de Waterloo par le général anglais, le duc de Wellington. Envoyé en exil définitivement° à l'île de Sainte-Hélène, il y est mort en 1821.

a rédigé *edited*

redoutable *fearful*

avaient mis le feu *had set ablaze*
nourriture *food*

vaincu *conquered*

définitivement *permanently*

---

1. Quel âge Napoléon avait-il quand il est devenu général en chef de l'armée?
2. Comment était le caractère de ce jeune homme?
3. Pourquoi fut-il nommé Premier consul?
4. Quand fut-il proclamé empereur des Français?
5. Indiquez ce qu'il a fait pour le pays.

---

12. Le roi de Rome: Had the First Empire under Napoleon I not fallen, the King of Rome would have succeeded his father as Napoleon II.
13. Louis XVIII: Upon the death of Louis XVI, his son Louis XVII was the rightful heir to the throne and was proclaimed king. In the many legends surrounding this young prince, he is known as the "Lost Dauphin."

Ajaccio, capitale de la Corse

6. Après de nombreuses campagnes militaires couronnées de succès, quel pays a-t-il entrepris d'envahir?
7. Combien de temps cette campagne a-t-elle duré? Quel en fut le résultat?
8. Qu'est-ce qui est arrivé en 1814?
9. Comment s'appelle l'île où Napoléon fut exilé?
10. Après qu'il fut exilé, quel groupe a pris le pouvoir? Qui est devenu roi?
11. Un an plus tard qu'est-ce qui s'est passé?
12. Ensuite, qu'est-ce que Napoléon a fait?
13. En quel pays a-t-il mené son armée?
14. Quelle armée a-t-il rencontrée dans ce pays?
15. Comment s'appelle la bataille où il fut vaincu? Le général qui l'a vaincu?

La Restauration et la deuxième République

21

Après les Cent-Jours[14] de Napoléon, Louis XVIII a repris le pouvoir aidé par les monarques européens, qui ont exercé leur influence pour remettre les Bourbons sur le trône de France. À la mort de Louis XVIII, son frère, Charles X, lui a succédé. Cet avènement° a restauré la monarchie en France et on appelle cette période "la Restauration."

avènement *succession*

Charles X voulait redonner à la noblesse ses anciens privilèges. Le peuple s'est révolté contre ces mesures et en 1830, eut lieu une nouvelle révolution, qui n'a duré que trois jours. Charles X fut obligé d'abdiquer en faveur de son cousin, Louis-Philippe.

Louis-Philippe a régné sous une monarchie constitutionnelle. Il est souvent appelé "le roi citoyen"° parce qu'il menait une vie simple et sans prétentions. Il fut très populaire au début de son règne, mais sa popularité fut de courte durée car il ne s'intéressait pas aux problèmes du

citoyen *citizen*

---

14. Les Cent-Jours: The period from the time of Napoleon's return from Elba to his defeat at Waterloo is known in history as "les Cent-Jours."

Les combattants et les barricades dans les rues de Paris pendant la révolution de 1830.

peuple qui voulait surtout le suffrage universel.[15] Louis-Philippe fut forcé en exil par la révolution de 1848.

      En 1848, la République fut proclamée pour la seconde fois et le droit° de voter fut donné à tous les citoyens de plus de vingt et un ans. Le peuple a élu° Louis-Napoléon Bonaparte, neveu du Grand Napoléon, président de la deuxième République.

droit *right*

a élu *elected*

---

1. Comment Louis XVIII a-t-il repris le pouvoir?
2. Qui lui a succédé?
3. Comment appelle-t-on cette période?
4. Pourquoi le peuple s'est-il révolté en 1830?
5. En faveur de qui Charles X fut-il obligé d'abdiquer?
6. Sous quelle forme de monarchie a-t-il régné?
7. Pourquoi est-il souvent appelé "le roi citoyen"?
8. Pourquoi sa popularité a-t-elle été de courte durée?
9. En 1848, quand la République fut proclamée pour la deuxième fois, quel droit fut donné à tous les citoyens?
10. Qui fut élu président de la deuxième République?

---

15. Suffrage universel: At this time in history, only men had the right to vote and "universal suffrage" meant that all men of 21 years of age or over were given the franchise.

Napoléon III

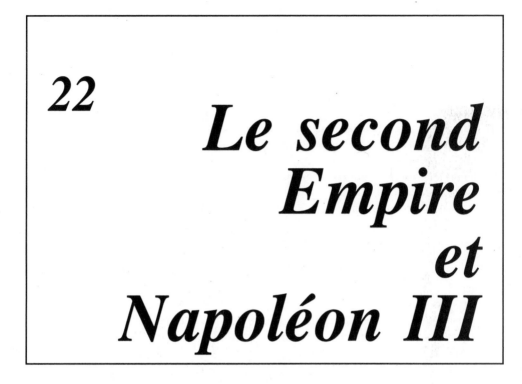

22 Le second Empire et Napoléon III

Trois ans après son élection en 1848, Louis-Napoléon s'est emparé° du pouvoir par un coup d'état° et s'est fait nommer empereur des Français en 1852. Il a pris le nom de Napoléon III, et a établi le second Empire.

s'est emparé *seized*
coup d'état *sudden seizing of power*

Comme son oncle, il avait de grandes ambitions. Il a fait des expéditions militaires en Europe, en Asie, en Afrique et en Amérique. Ces expéditions étaient coûteuses pour la France. Mais la plus coûteuse en argent aussi bien qu'en hommes fut la campagne du Mexique.

En 1862, le Mexique se trouvait dans une crise politique et économique. Napoléon, qui voulait établir dans le Nouveau Monde un empire français, a profité de cette occasion pour essayer de s'emparer° du Mexique. Il a envoyé ses troupes faire l'invasion du Mexique. Quand les troupes françaises ont pris la capitale mexicaine, Napoléon y a envoyé Maximilien, lui faisant croire que le peuple mexicain l'avait choisi comme monarque. En réalité, Maximilien ne fut qu'un "homme de paille"° de Napoléon III.

s'emparer de *to seize*

"homme de paille" *"puppet"*

Après un an, Napoléon, qui avait besoin de ses troupes en Europe, les a rappelées.° Abandonné par son maître, Maximilien ne pouvait plus rien faire. Il fut fait

les a rappelées *called them back*

prisonnier, et en 1867 Benito Juarez, chef des Mexicains, l'a fait fusiller.°

      Napoléon avait échoué° dans son entreprise d'établir un empire français dans le Nouveau Monde, et en France, sa popularité était sur son déclin. Entretemps,° Otto von Bismarck, premier ministre de la Prusse, travaillait à unir tous les états de l'Allemagne. Pour accomplir l'unification de ces états, il lui fallait une guerre contre l'Allemagne. Sachant° qu'aucun pays européen ne viendrait à l'aide de la France parce que les gouvernements de l'Europe avaient peur de ce nouveau Napoléon, Bismarck a incité Napoléon à déclarer la guerre à la Prusse. Ainsi a commencé la guerre Franco-Prussienne.

      Encore une fois, Napoléon III a mené son pays dans une guerre désastreuse. Cette guerre fut courte mais coûteuse pour la France. Elle a perdu les provinces de l'Alsace et de la Lorraine et fut obligée de payer une grande indemnité° de guerre. Cette guerre a mis fin au second Empire.

      La troisième République, proclamée en 1870, est devenue une réalité avec la constitution de 1875 après quatre ans de lutte politique entre les monarchistes et les républicains.

fusiller *to shoot*

avait échoué *had failed*

entretemps *meanwhile*

sachant *knowing*

indemnité *indemnity, compensation*

---

1. Par quel moyen Louis-Napoléon s'est-il emparé du pouvoir?
2. Quel nom a-t-il pris? Comment s'appelle l'empire qu'il a établi?
3. Quelle expédition militaire, coûteuse en hommes aussi bien qu'en argent, a-t-il entreprise?
4. Pourquoi Louis-Napoléon voulait-il s'emparer de ce pays?
5. Qui Louis-Napoléon a-t-il choisi comme son "homme de paille"?
6. Pourquoi fut-il abandonné par Napoléon III?
7. Par qui fut-il fait prisonnier et comment est-il mort?
8. Pourquoi Otto von Bismarck voulait-il une guerre contre l'Allemagne?
9. Pourquoi a-t-il incité Napoléon III à déclarer la guerre à la Prusse?
10. Comment s'appelle cette guerre?
11. Quels furent les résultats de cette guerre pour la France?

23

La troisième République

Le dix-neuvième siècle était une période de crises politiques, économiques et militaires. Cependant, sous la troisième République, il y eut de grands progrès sociaux, industriels et scientifiques. La constitution de la troisième République (1875) a rendu possible des lois en faveur de l'ouvrier. Ces lois ont permis la formation de syndicats,° ont réglementé° le travail des femmes et des enfants et ont garanti la retraite° à la classe ouvrière.

syndicats *unions*
ont réglementé *regulated*
retraite *pension*

Sous la troisième République, on a établi de nombreuses écoles. L'instruction publique s'est étendue° et le gouvernement a patronné° l'enseignement secondaire et supérieur. Ce patronage scolaire a encouragé des inventions industrielles et des découvertes° scientifiques, qui ont tant fait pour améliorer° la condition de vie. On trouve parmi les grands noms des savants français Louis Pasteur et Pierre et Marie Curie. Deux grandes découvertes que l'on doit à Pasteur sont le vaccin contre la rage° et le procédé,° qui porte son nom, la pasteurisation. Les Curie ont découvert le radium.

s'est étendue *spread*
a patronné *supported*

découvertes *discoveries*
améliorer *to improve*

rage *rabies*
procédé *procedure*

L'empire colonial français fut agrandi sous la troisième République. À la fin du dix-neuvième siècle la France possédait des colonies dans le monde entier. En Asie, la France

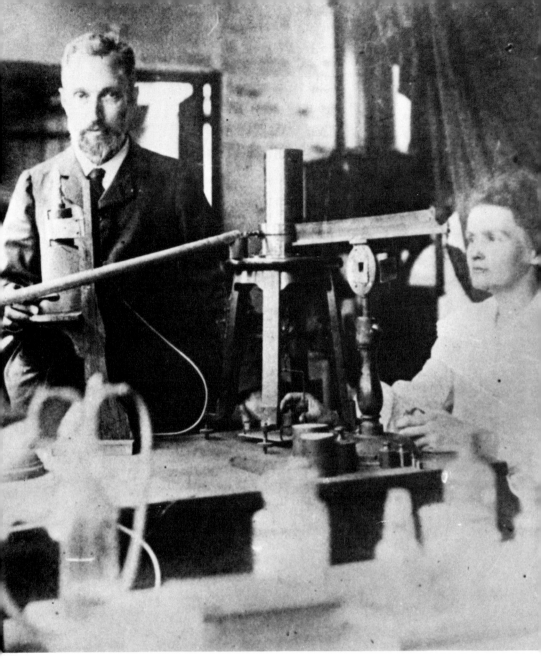

Pierre et Marie Curie dans leur laboratoire

avait des colonies en Indochine qu'elle ne possède plus. Dans l'océan Pacifique, elle possède toujours plusieurs îles, dont Tahiti et la Nouvelle-Calédonie. Dans l'hémisphère occidental, la Martinique et la Guadeloupe, anciennes colonies, sont de nos jours des départements de la France. Sur le continent de l'Amérique du Sud, il y a la Guyane française. La plus grande partie du domaine d'outre-mer° se trouve en Afrique. Autrefois elle possédait entre autres l'Algérie, le Maroc et la Tunisie. Tous les pays africains qui, autrefois, faisaient partie de l'empire colonial français sont aujourd'hui indépendants.

domaine d'outre-mer *overseas territories*

Il faut mentionner aussi quelques grands hommes de lettres dont les œuvres eurent une influence indirecte sur les réformes sociales de la troisième République. Celui qui fut peut-être le plus célèbre est Victor Hugo. Dans son œuvre *Les Misérables* il a exposé les misères et les injustices dont souffrait le peuple. Il fut un grand républicain et un ennemi de Napoléon III. Un autre grand républicain fut le poète Lamartine. Il faut mentionner aussi deux autres écrivains importants de cette époque: Honoré de Balzac et Émile Zola.

Sous la troisième République, qui a duré jusqu'en 1940, on a essayé de donner une signification° réelle à la devise: Liberté. Égalité. Fraternité.

signification *meaning, significance*

---

1. Quand fut proclamée la troisième République?
2. Citez quelques progrès sociaux accomplis sous la constitution de la troisième République.
3. Nommez trois grands savants et dites ce qu'ils ont découvert.
4. Nommez quelques possessions françaises dans l'océan Pacifique. En Amérique.
5. Nommez quelques hommes de lettres français du dix-neuvième siècle.

Artillerie française pendant la bataille de Verdun

24

Les deux Guerres mondiales

La Première Guerre mondiale fut déclarée en 1914, provoquée par des disputes commerciales et des rivalités coloniales entre les grands pays de l'Europe. La France, l'Angleterre et la Russie se sont alliées contre l'Allemagne, l'Autriche et la Bulgarie. La France s'est défendue courageusement contre l'invasion de l'armée allemande aux batailles de la Marne et de Verdun. En 1917, les États-Unis se sont joints° aux Alliés. Sous le maréchal° Foch, commandant en chef des armées françaises, anglaises et américaines, les Alliés ont gagné la guerre. L'armistice du onze novembre, 1918 a mis fin à cette guerre. Avec le traité de Versailles, signé en 1919, la France a regagné l'Alsace et la Lorraine.

se sont joints à *joined*
maréchal *field marshal*

D'après les termes du traité de Versailles, il fut défendu à l'Allemagne de se réarmer. Mais en 1933, Adolph Hitler est devenu chancelier d'Allemagne. Un an plus tard, il a établi une dictature° et a répudié° les termes du traité de Versailles en entreprenant° le réarmement de l'Allemagne qui est alors redevenue une grande puissance militaire. En 1938, l'armée hitlérienne a fait l'invasion de l'Autriche et de la Tchécoslovaquie. L'année suivante, les troupes de Hitler sont entrées en Pologne. Immédiatement, la France et l'Angleterre ont déclaré la guerre à l'Allemagne. Ces deux

dictature *dictatorship*
a répudié *repudiated, rejected*
en entreprenant *by undertaking*

pays, qui voulaient la paix, étaient mal préparés pour la guerre.

En 1940, Hitler a envahi la France. Après quelques semaines de résistance, le gouvernement français a capitulé. Mussolini, le dictateur d'Italie, qui avait fait un pacte avec Hitler, a choisi ce moment-là pour attaquer la France.

Espérant sauver la France, le maréchal Pétain, qui fut ministre de la guerre et ancien héros de la Première Guerre mondiale, a signé un armistice avec Hitler. La France fut divisée en deux parties. Le nord de la France, y compris Paris, fut occupé par les troupes de Hitler. Le gouvernement provisoire,° sous le maréchal Pétain, fut établi dans la ville de Vichy.

provisoire *temporary*

Cette occupation, qui a duré quatre ans, a produit beaucoup de misères pour les Français. Il y avait beaucoup de Français qui ne voulaient pas accepter cet armistice. Deux groupes se sont formés pour lutter contre l'armée de Hitler. Un de ces groupes était sous le commandement du général Charles de Gaulle qui s'était sauvé de° France. Il est allé en Angleterre et là, il a formé une armée, appelée l'armée de la France Libre, qui s'est jointe aux Alliés. Le second groupe était la Résistance, appelée souvent le Maquis. Ce groupe se composait d'hommes et de femmes de toutes les classes sociales. Leur but était de faire obstacle° aux opérations militaires de l'armée allemande par le sabotage des ponts, des chemins de fer, des communications, etc. Leur aide fut indispensable aux Alliés.

s'était sauvé de *had escaped from*

faire obstacle à *to hinder*

En 1941, Hitler a commencé l'invasion de la Russie, et les Japonais ont attaqué Pearl Harbor.[16] Ces deux événements ont forcé les États-Unis et la Russie à entrer en guerre aux côtés des Alliés. Ainsi, cette lutte est devenue une vraie guerre mondiale. Les Alliés ont combattu les armées hitlériennes en Afrique et en Italie. Les forces allemandes repoussées° de tous les côtés, le pouvoir militaire de Hitler a commencé à s'affaiblir.

repoussées *repulsed*

L'invasion de la Normandie par les Alliés, le six juin, 1944, fut le dernier grand coup de la guerre en Europe. On doit, en grande partie, le succès de cette invasion à l'aide rendue par le Maquis. La France fut libérée, et le sept mai, 1945, à Reims, l'armée allemande s'est rendue° sans conditions. Hitler fut vaincu définitivement. Les Japonais se

s'est rendue *surrendered*

---

16. Pearl Harbor: U.S. naval base on Oahu in the Hawaiian Islands. It was attacked by the Japanese on December 7, 1941. This attack precipitated the entry of the United States into World War II.

---

sont rendus, aussi sans conditions, le 15 août, 1945, quelques jours après le bombardement atomique de Hiroshima par les États-Unis. Les hostilités ont cessé et la Seconde Guerre mondiale fut terminée.

1. Quand fut déclarée la Première Guerre mondiale?
2. Comment cette guerre a-t-elle été provoquée?
3. Nommez les Alliés. Contre qui se sont-ils battus?
4. Quand est-ce que les États-Unis sont entrés en guerre?
5. Qui était le commandant en chef des armées alliées?
6. Qu'est-ce qui a mis fin à cette guerre? Quand?
7. Quand le traité de Versailles fut-il signé? Quelles provinces la France a-t-elle regagnées?
8. Qui est devenu dictateur d'Allemagne?
9. Quel terme du traité de Versailles a-t-il répudié?
10. Quels pays a-t-il envahis?
11. Pourquoi le gouvernement français a-t-il capitulé devant l'armée hitlérienne?
12. Quel ancien héros de la Première Guerre mondiale a signé un armistice avec Hitler?
13. Où fut établi le gouvernement provisoire de la France?
14. Comment la France fut-elle divisée?
15. Qui était le chef de l'armée de la France Libre?
16. Qu'est-ce que c'est que le Maquis?
17. Quels deux événements ont forcé les États-Unis et la Russie à entrer en guerre aux côtés des Alliés?
18. Quel fut le dernier grand coup de la guerre en Europe?
19. Quand est-ce que la France fut libérée? Dans quelle ville l'armée allemande s'est-elle rendue?
20. Qu'est-ce qui a précipité la défaite japonaise?
21. Quand les Japonais se sont-ils rendus?

25 La France après la Seconde Guerre mondiale

Après la libération de la France, un gouvernement provisoire fut établi pour écrire une nouvelle constitution. Cette constitution, approuvée par le peuple français, a établi la quatrième République en 1947. Monsieur Vincent Auriol est devenu le premier président de la nouvelle République. La nouvelle constitution garantissait presque les mêmes droits que la constitution de 1875.

La quatrième République a duré presque treize ans. C'était une période d'instabilité causée par l'occupation allemande, les ravages de la guerre et les turbulences sociales et politiques du vingtième siècle. L'agitation pour l'indépendance dans les possessions coloniales françaises de l'Afrique du Nord s'est ajoutée aux problèmes qui confrontaient le gouvernement français. Un autre grand problème pour la France existait en Asie. Peu de temps après sa libération, la France fut obligée de se battre contre les communistes en Indochine (Viêt-Nam). C'était une guerre coûteuse en hommes et en argent qui a duré plus de sept ans. Tous ces problèmes ont été, en grande partie, la cause de l'instabilité politique pendant ces treize années.

Sous la constitution de la quatrième République, le pouvoir exécutif était confié° au président de la République.

était confié *was entrusted*

Le général de Gaulle s'adresse au peuple français, le premier mai, 1950.

Mais en réalité, c'était le président du Conseil des Ministres qui exerçait ce pouvoir. Cependant, son pouvoir exécutif était limité par l'Assemblée nationale. Il était nécessaire que l'Assemblée approuve tous les actes législatifs du président du Conseil avant qu'ils deviennent lois. Cette approbation° lui était donnée par un "vote de confiance" de l'Assemblée sans lequel le président du Conseil ne pouvait plus retenir° son poste. Les problèmes de la quatrième République étant délicats, la France eut un grand nombre de ministres. Sous un tel système, aucune action législative effective n'était possible. Pendant ces treize années, la France s'est trouvée dans une succession de crises politiques. Il était évident que des changements radicaux étaient nécessaires.

approbation *approval*

retenir *keep, retain*

En 1958, le général Charles de Gaulle, héros de la résistance pendant la Seconde Guerre mondiale, est apparu° sur la scène politique. Des actes de rébellion dans les possessions françaises de l'Afrique du Nord ont précipité une crise aiguë.° La situation politique est devenue si précaire que le président, René Coty, successeur de Vincent Auriol, a averti° l'Assemblée qu'une guerre civile était imminente. Il a insisté pour que l'Assemblée accepte le général de Gaulle comme président du Conseil pour mettre de l'ordre dans les affaires d'état. De Gaulle a déclaré qu'il n'accepterait pas le poste sans une approbation populaire. Assuré de cette approbation populaire, il a exigé° des pouvoirs spéciaux dont l'un était la révision de la constitution. Ces pouvoirs lui furent accordés.°

est apparu *appeared*

aiguë *acute, serious*

a averti *warned*

exigé *demanded*

accordés *granted*

La nouvelle constitution de de Gaulle fut approuvée par un référendum en septembre 1958. Le droit de voter pour ou contre ce référendum fut accordé aux colonies. Si les colonies refusaient d'accepter cette nouvelle constitution, elles auraient automatiquement leur indépendance. La seule possession française qui a voté contre la constitution, et qui a reçu son indépendance, fut la Guinée française en Afrique. Ainsi la cinquième République fut proclamée et Charles de Gaulle fut élu président de cette nouvelle République.

Le succès de cette nouvelle constitution dépendrait de l'avenir.

1. Quand fut établie la quatrième République?
2. Qui est devenu le premier président de cette nouvelle République?

Pièce de monnaie de l'Indochine française

3. Citez quelques problèmes qui furent la cause de l'instabilité politique pendant la quatrième République.
4. Sous la constitution de la quatrième République, à qui était confié le pouvoir exécutif? Mais qui en réalité exerçait ce pouvoir?
5. Qui devait approuver tous les actes législatifs du président du Conseil? Comment s'appelait cette approbation?
6. Pourquoi la France se trouvait-elle dans une succession de crises politiques?
7. En 1958, qui est apparu sur la scène politique?
8. Qu'est-ce qui a précipité une crise aiguë?
9. Pourquoi le président de la République, René Coty, a-t-il insisté que l'Assemblée accepte le général de Gaulle comme président du Conseil?
10. Que voulait le général de Gaulle avant d'accepter ce poste?
11. Quel était un des pouvoirs spéciaux qu'il a exigé?
12. Quelle était la seule possession française qui a voté contre la constitution de de Gaulle?
13. Qui fut élu président de la cinquième République?

En mai 1968, des grèves massives ont paralysé la France.

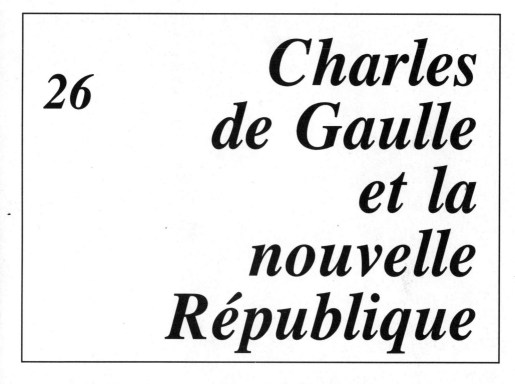

26

Charles de Gaulle et la nouvelle République

Au début de la 5ᵉ République, le problème principal auquel la France et de Gaulle devaient faire face° était celui de la guerre en Algérie. Depuis cinq années, la France s'affaiblissait dans un effort féroce pour maintenir la présence française dans ce pays essentiellement arabe. En 1959, de Gaulle a suggéré aux rebelles la possibilité d'une Algérie libérée quatre ans après un cessez-le-feu.° Cette offre de paix a vivement déçu° beaucoup des Français qui habitaient l'Algérie—surtout les militaires.

faire face à *to confront*

cessez-le-feu *cease-fire*
a vivement déçu *deeply disappointed*

En conséquence, de Gaulle a dû réprimer° deux révoltes de généraux français en Algérie—la première en 1960 et la seconde une année plus tard. Chaque victoire sur les révoltés militaires a contribué énormément au prestige de Charles de Gaulle et à celui de la 5ᵉ République parmi les Français.

réprimer *curb*

Enfin en mars 1962, le gouvernement français a signé les accords° d'Évian qui ont mis fin à la guerre algérienne. Le crédit du gouvernement du général de Gaulle était hors de° doute.

accords *agreements*

hors de *beyond*

À la suite de ce succès diplomatique, de Gaulle s'est mis en action pour faire augmenter° les pouvoirs de la présidence° française. Il a proposé au peuple français un

augmenter *to increase*
présidence *presidency*

Le président de Gaulle parle aux journalistes et ses ministres au palais de l'Elysée.

amendement historique à la nouvelle constitution. Cet amendement permettrait l'élection du président par suffrage universel. Au référendum d'octobre 1962, ce changement important fut approuvé par une grande majorité des votants. Un président français pourrait gouverner maintenant avec tout le prestige qui accompagne une élection populaire.

Sous ce nouveau système, de Gaulle a gagné une victoire
retentissante° lors du concours° présidentiel de 1965.

  Le régime du général de Gaulle a représenté le
début d'une nouvelle époque de la diplomatie française. De
Gaulle a mis fin, une fois pour toutes, à la dépendance de la

retentissante
resounding
concours *contest*

France vis-à-vis° les États-Unis. Dès lors,° la politique étrangère° de France suivrait son propre chemin. En exemple de cette nouvelle indépendance, de Gaulle a annoncé que la France n'accepterait pas l'entrée de la Grande-Bretagne° au Marché commun.° Tournant le dos° à la politique des États-Unis, la France a reconnu le gouvernement de la Chine populaire° en 1964. En 1966, de Gaulle a annoncé au Président Lyndon Johnson son intention de retirer les forces armées de France du système militaire de l'O.T.A.N.° Pour renforcer° cette nouvelle attitude d'indépendance, le gouvernement français a inauguré un programme à haute priorité pour le développement d'une bombe nucléaire française. La France a détoné° sa première bombe au Sahara en 1960.

La nouvelle autonomie française à l'étranger° a suscité° de vives réactions partout dans le monde, surtout aux États-Unis. On a inculpé° de Gaulle d'obstruction, d'autocratie° et d'une folie de grandeur. Malgré ces critiques sévères, de Gaulle a poursuivi° la réalisation de son programme pour une nouvelle France autonome et sûre d'elle-même.

Pourtant, de Gaulle a suscité une opposition considérable parmi les Français eux-mêmes en prenant ces allures° autocratiques dans la direction des affaires intérieures de France. Par exemple, le parti gaulliste est devenu le simple outil° du président. Un membre ordinaire du parti devait accepter les programmes du chef sans critique. Les députés gaullistes de l'Assemblée nationale jouaient presque le même rôle. L'Assemblée approuvait d'une façon routinière les projets de loi° du président. La faiblesse de l'Assemblée gaulliste a valu° au président la critique d'une grande partie de la presse et du public français.

En plus, le gouvernement de de Gaulle faisait emploi de certains procédés° plus dignes d'un système totalitaire que d'une démocratie—des menaces à la presse d'opposition, la censure du cinéma, des enquêtes° illégales sur la vie privée de certains citoyens. Ce mépris° des droits les plus fondamentaux soulevait° des doutes sur la nature même du régime.

Finalement, l'accent qu'a mis de Gaulle sur les affaires étrangères a entraîné° une négligence des problèmes domestiques de la France. Les plaintes° des ouvriers et des étudiants universitaires se sont multipliées jusqu'au point d'un soulèvement.° En mai 1968, des grèves° massives et des émeutes° d'étudiants ont paralysé la France pendant tout un mois.

vis-à-vis *relative to, toward*
dès lors *from that time on*
politique étrangère *foreign policy*
Grande-Bretagne *Great Britain*
Marché commun *Common Market*
dos *back*
Chine populaire *Mainland China*
O.T.A.N. *(Organisation du traité de l'Atlantique Nord) NATO*
renforcer *to strengthen, reinforce*
a détoné *exploded*
à l'étranger *abroad*
a suscité *raised*
a inculpé *charged*
autocratie *autocracy, rule by one man*
a poursuivi *pursued*

allures *ways*

outil *tool*

projets de loi *bills, proposed laws*
a valu *earned*

procédés *procedures*

enquêtes *investigations*
mépris *scorn, contempt*
soulevait *raised*

a entraîné *entailed, brought about*
plaintes *complaints*

soulèvement *uprising*
grèves *strikes*
émeutes *riots*

De Gaulle a résolu° la crise en proposant des réformes radicales à l'Assemblée nationale—comme la loi sur l'éducation universitaire de novembre 1968. Néanmoins, cette quasi-révolution a gravement atteint à° la réputation du président lui-même. En 1969, de Gaulle a demandé au peuple français de manifester leur approbation de sa présidence au moyen° d'un référendum. Cette fois-ci, les Français ont voté "Non!". De Gaulle a répondu à ce résultat en donnant sa démission.° Un an plus tard, Charles de Gaulle est mort à sa maison de campagne à Colombey-les-deux-Églises.

a résolu *solved, resolved*

a gravement atteint à *seriously affected*

au moyen de *by means of*

démission *resignation*

Un homme intelligent au caractère indépendant, Charles de Gaulle a laissé une marque permanente sur la France moderne. La confiance et la stabilité actuelles du pays sont dûes, en grande partie, à cet homme qui a su mettre de l'ordre dans le chaos.

---

1. Quel était le problème principal du président de Gaulle pendant les premiers jours de son gouvernement?
2. Est-ce que la décision de Charles de Gaulle sur l'autonomie algérienne a plu (*pleased*) à tous les Français?
3. Qu'est-ce qui a mis fin à la guerre algérienne?
4. Quel amendement constitutionnel est-ce que de Gaulle a proposé en 1961? Quelles en étaient les implications politiques?
5. De quelle façon est-ce que le peuple français a approuvé ce changement de la constitution?
6. Quelle était l'attitude française envers les États-Unis sous le gouvernement de Charles de Gaulle?
7. Comment est-ce que la France a changé ses rapports avec l'O.T.A.N. en 1966?
8. Quel développement scientifique a renforcé la nouvelle indépendance de la France dans les affaires étrangères?
9. Comment a-t-on évalué la politique du président de Gaulle aux États-Unis?
10. Quelle influence est-ce que de Gaulle a exercé sur le parti gaulliste et l'Assemblée nationale?
11. Quelles pratiques quasi-totalitaires de Charles de Gaulle ont mis en doute la nature même de son régime?
12. Comment est-ce que les ouvriers et les étudiants ont manifesté leur mécontentement avec les programmes du gouvernement français?
13. Comment est-ce que de Gaulle a réussi à calmer le désordre?
14. De Gaulle qu'a-t-il fait après le référendum de 1969?

27

La France après de Gaulle

Georges Pompidou

Le référendum de 1969 a certainement révélé un manque° de confiance en Charles de Gaulle, l'homme. Pourtant, ses idées sur l'indépendance et le destin de la France gardaient toujours leur popularité avec l'électorat français. En preuve de la vitalité des idées gaullistes, Georges Pompidou, premier ministre sous de Gaulle, a triomphé d'une façon impressionnante lors du concours présidentiel° de 1969. En faisant promesse solennelle° de reprendre° la politique de son prédécesseur, Pompidou a ramassé° 44% du vote contre 23% pour son rival centriste et 21% pour le candidat communiste.

Pompidou a inauguré son gouvernement en soulignant° la différence entre son style personnel et celui de de Gaulle et en adoptant une attitude plus souple° et moins arbitraire envers la France elle-même.

Au seuil° d'une nouvelle époque, Pompidou a proposé toute une série de programmes pour la création d'une "nouvelle société" en France—une société plus moderne, plus dynamique et plus juste que celle du passé—en mettant plus d'accent sur la politique domestique. Cette politique a beaucoup contribué au "boom" économique qui a permis

manque *lack*

concours présidentiel *presidential race*
solennelle *solemn*
reprendre *to resume*
a ramassé *collected*

en soulignant *by emphasizing*
souple *flexible*

seuil *threshold*

d'élever le standard de vie du Français moyen. Sous le gouvernement de Pompidou, la France s'est transformée de pays agricole en pays industriel. Aujourd'hui les Français jouissent° d'une grande prospérité grâce au développement de l'industrie moderne.

jouissent de *enjoy*

Dans le domaine des affaires extérieures, la France est restée indépendante, sûre d'elle-même, et des fois provocante. Néanmoins, l'attitude de la France envers ses alliés est devenue plus conciliatoire. Ses rapports avec les États-Unis se sont améliorés.° Et même plus important, le gouvernement Pompidou a négocié avec le gouvernement britannique pour assurer l'entrée de l'Angleterre au Marché commun. Cette réussite° diplomatique a exemplifié l'intention de la France d'encourager la coopération internationale.

se sont améliorés *improved*

réussite *success*

En plus de ces efforts, Pompidou a continué le programme de développement nucléaire qu'avait initié de Gaulle. Les Français ont poursuivi des essais° nucléaires dans l'océan Pacifique—ce qui a suscité° de vives protestations partout° dans le monde. Le gouvernement Pompidou a répondu à ces protestations en prétendant que ses armes nucléaires étaient absolument nécessaires pour maintenir l'autonomie militaire française.

essais *tests*
a suscité *gave rise to*
partout *everywhere*

Le gaullisme souple, humanitaire et confiant de Pompidou lui a valu° une immense popularité avec les Français, et aux élections de 1973, le parti gaulliste a été majoritaire une fois de plus.

a valu *earned*

Néanmoins, après les élections, sa bonne fortune a changé d'une façon abrupte.° Une longue série de scandales compromettant° des ministres et des députés gaullistes a mis en question le crédit du parti gaulliste et du gouvernement de Pompidou. Une publicité négative a eu son effet. En même temps, les rumeurs que M. Pompidou souffrait d'une grave maladie se multipliaient en France. Donc, parmi ces difficultés politiques et les rumeurs de mauvaise santé, M. Pompidou s'est exclu° comme candidat présidentiel des gaullistes aux élections générales de 1974.

d'une façon abrupte *abruptly*
compromettant *compromising*

s'est exclu *withdrew, excluded himself*

Georges Pompidou, diplomate perspicace° et homme politique rusé,° est mort d'un cancer le 2 avril, 1974.

perspicace *shrewd*
rusé *crafty*

Valéry Giscard d'Estaing

Valéry Giscard d'Estaing

En 1974, pour la première fois depuis 16 ans, les Français ont élu un non-gaulliste comme président du pays—tout en° donnant aux gaullistes la majorité à l'Assemblée nationale. Le nouveau président était Valéry Giscard d'Estaing, leader du parti indépendant.

Giscard d'Estaing a gagné de justesse° contre l'ancien ministre de Pompidou, M. Chaban-Delmas, et un candidat socialiste d'une popularité surprenante, François Mitterrand. Bien qu'il y ait eu° un changement de parti présidentiel en France, la politique du gouvernement n'a pas changé autant qu'on pourrait le croire. Quoique membre du parti indépendant, Giscard d'Estaing avait servi comme ministre des finances au cabinet de de Gaulle et avait joué un très grand rôle dans le rétablissement° du franc comme monnaie stable et digne° de confiance. Il avait souvent encouragé ses collègues indépendants à l'Assemblée nationale à prêter leur soutien° aux programmes de de Gaulle. Pourtant,° il s'était attiré° l'hostilité des Gaullistes en suggérant un «non» contre de Gaulle au référendum de 1969.

En inaugurant son gouvernement, le nouveau président a annoncé son intention d'abolir certaines pratiques quasi-totalitaires comme la censure de la presse et du cinéma et l'écoute illégale de conversations téléphoniques. En grande partie,° il a tenu cette promesse.

Giscard d'Estaing a repris bien des programmes domestiques du gouvernement de Pompidou pour améliorer° le niveau de vie des Français. Et pour donner preuve de son souci° pour les problèmes des femmes, il a établi le poste de "ministre pour la condition féminine."

Dans le domaine des affaires extérieures, Giscard d'Estaing s'est montré partisan de la coopération atlantique. Il a essayé d'encourager des rapports plus étroits entre la France et les autres pays de l'Europe occidentale. Tout en évitant° la politique de "grandeur" de de Gaulle, il a déclaré que la France n'accepterait pas de solutions de dépendance.

Les programmes français pour le développement d'armes nucléaires ont avancé à grand pas° sous Giscard d'Estaing. Souffrant de la crise d'énergie, la France a conclu des accords avec les pays arabes pour l'achat de pétrole en échange d'armes françaises.

En plus des problèmes d'énergie et d'armes nucléaires, la France continuait à éprouver les mêmes problèmes que tous les pays modernes de l'ouest, tels que

tout en *while*

de justesse *barely, by a small margin*

bien qu'il y ait eu *although there was*

rétablissement *reestablishment*
digne *worthy*

soutien *support*

pourtant *nevertheless*
attiré *attracted*

en grande partie *to a great extent*

améliorer *to improve*

souci *care, concern*

évitant *avoiding*

à grand pas *rapidly*

des grèves des ouvriers, des actes de violence et surtout le chômage° et l'inflation.

chômage *unemployment*

La France sous le gouvernement de Giscard d'Estaing a connu une stabilité politique, une grande prospérité et une nouvelle confiance dans sa capacité de résoudre les problèmes du pays.

Cependant, l'électorat français aux prochaines élections présidentielles n'a pas voulu réélire° Giscard d'Estaing pour un autre mandat de sept ans.

réélire *to reelect*

---

1. Qui a été le successeur de de Gaulle? Est-ce qu'il a abandonné les idées de de Gaulle?
2. Quelle attitude Pompidou a-t-il prise pour projeter son style personnel?
3. Quel nom M. Pompidou a-t-il donné à son programme domestique? Quels en seraient les résultats?
4. Quelle attitude le gouvernement de Pompidou a-t-il prise envers ses alliés?
5. Quelle réaction les épreuves nucléaires des Français ont-elles provoquée?
6. Pourquoi le parti gaulliste a-t-il éprouvé des difficultés après les élections de 1973?
7. Pourquoi Pompidou s'est-il exclu comme candidat présidentiel en 1974?
8. De quel parti politique Giscard d'Estaing était-il le chef?
9. Est-ce que les programmes du gouvernement ont changé d'une façon radicale après l'élection de Giscard d'Estaing? Pourquoi?
10. Comment Giscard d'Estaing a-t-il attiré l'hostilité des Gaullistes en 1969?
11. Au début de son régime, qu'est-ce que le nouveau président a promis d'abolir?
12. Comment le président a-t-il fait preuve de son intérêt à la condition des femmes en France?
13. Quelle attitude Giscard d'Estaing a-t-il adoptée envers les pays de l'Atlantique?
14. Quel accord la France a-t-elle fait avec les pays arabes?
15. Quels problèmes domestiques inquiétaient la France?
16. De quoi la France a-t-elle profité sous le gouvernement de Giscard d'Estaing?

28

La France actuelle°

François Mitterrand

Depuis une vingtaine° d'années, on voit quelque chose de curieux en France à propos de la politique: les Français parlent de la gauche mais ils votent pour la droite. Mais pour la première fois en mai 1981, un candidat de la gauche a gagné les élections présidentielles. Les Français ont refusé un autre mandat de sept ans à Valéry Giscard d'Estaing, un président qui leur déplaisait° et leur semblait arrogant et rigide.

Face aux problèmes de chômage° et d'inflation, les Français ont élu l'autre candidat, François Mitterrand, le chef du Parti Socialiste (PS). L'arrivé de la gauche au pouvoir constitue° le changement politique le plus profond en France depuis deux générations. A la suite de cette victoire, les socialistes ont gagné la majorité dans l'Assemblée nationale.

Bien sûr, le nouveau gouvernement de François Mitterrand a proposé des changements radicaux. Les Français ont vu la nationalisation de plusieurs groupes industriels et financiers et la décentralisation du pouvoir administratif. La régionalisation° a mis fin à deux siècles de centralisation pendant lesquels les régions étaient dépendantes de Paris. Sur le plan social et culturel, le gouvernement a augmenté le salaire

actuelle *current, present-day*
une vingtaine *about twenty*

déplaisait *displeased*
chômage *unemployment*

constitue *constitutes*

régionalisation *regionalization, giving more authority to the regional governments*

minimum° et a ajouté une cinquième semaine de congé payé.° Il a fait construire un nouvel Opéra à la Place de la Bastille et la Pyramide du Louvre.

salaire minimum *minimum wage*
congé payé *paid vacation*

Aux élections de 1986, les socialistes ont perdu la majorité dans l'Assemblée nationale. Cet événement marque la première fois que l'Assemblée et le Président soient° de partis politiques opposés. Mitterrand a nommé Jacques Chirac, maire° de Paris et chef d'un parti de droite, le Premier Ministre. Cette relation gouvernementale précaire° s'appelle la *cohabitation.*

soient *are*

maire *mayor*
précaire *precarious*

Maintenant François Mitterrand est dans son deuxième septennat,° après avoir été réélu en 1988. La *cohabitation* n'a détruit ni le prestige du Président ni l'autorité du Premier Ministre. Après quelques inquiétudes° de la part de certains, il y a maintenant un équilibre dans le domaine du pouvoir exécutif. Les années 90 marqueront une ère° nouvelle dans la politique française.

septennat *seven-year term*

inquiétudes *worries*

ère *era*

---

1. Pour quelles raisons est-ce que les Français ont refusé un autre mandat à Valéry Giscard d'Estaing?
2. Comment s'appelle le chef du Parti Socialiste?
3. Quels sont les changements proposés par les socialistes?
4. Quels effets est-ce que la régionalisation aura sur les régions françaises?
5. Qu'est-ce qui est arrivé aux élections de 1986?
6. Qu'est-ce que c'est que la *cohabitation?*
7. Comment s'appelle le Premier Ministre?

Vocabulaire

A

a, 3rd per. sing. pres. of **avoir**
à, to; at; in
    à cause de, because of
    à travers, across
abandonner, to abandon
abbaye, *f.*, abbey
abdiquer, to abdicate
abolir, to abolish
abord: **tout d'abord**, first of all
abrupte, abrupt
absolu,-e, absolute
accent, *m.*, accent; emphasis
accepter, to accept
accomplir, to accomplish; to finish
accomplissement, *m.*, accomplishment
accord, *m.*, agreement
accorder, to accord; to grant
    s'accorder, to suit
accuser, to accuse
achat, *m.*, purchase
acquérir, to aquire
acte, *m.*, act
actuel, **-lle**, current; present-day
adopter, to adopt
adroit, **-e**, clever
s'affaiblir, to weaken; to grow weak
affaire, *f.*, matter; thing; business
afficher, to post
Afrique, *f.*, Africa
    Afrique du Nord, North Africa
s'agiter, to stir up (trouble); to plot
agrandir, to enlarge
agréable, pleasant; agreeable
agricole, agricultural
aide, *f.*, help; aid; assistance
aider, to aid; to assist; to help
aigu, **-ë**, acute
d'ailleurs, moreover
aimer, to like; to love
ainsi, thus
    ainsi que, as well as
ajouter, to add
    s'ajouter à, to be added to
alarmer, to alarm
Algérie, *f.*, Algeria
allant, pres. part. of **aller**
    en allant, while going; on going; by
    going
Allemagne, *f.*, Germany
allemand, **-e**, German
Allemand, **-e**, person of
    German nationality
aller, to go
    aller à la chasse, to go hunting

alliance, *f.*, alliance
allié, **-e**, ally
allier, to ally
    s'allier, to ally oneself
allocation familiale, *f.*, family allowance
allures, *f. pl.*, ways
alors, then
ambitieux, **-se**, ambitious
améliorer, to improve
américain, **-e**, American
Amérique, *f.*, America
an, *m.*, year
ancêtre, *m.*, ancestor
ancien, **-ne**, *before the noun,* former; *after*
    the noun, ancient; old
anglais, **-e**, English
Anglais, **-e**, Englishman; English woman
Angleterre, *f.*, England
année, *f.*, year
Antilles, *f.*, West Indies
antiquité, *f.*, old curiosity; ancient times
août, *m.*, August
apaiser, to appease
apercevoir, to perceive; to notice
aperçoit, 3rd per. sing. pres. of **apercevoir**
apparaître, to appear
apparu, past part. of **apparaître**
appauvrir, to impoverish
appeler, to call
    s'appeler to be called; to be named
apporter, to bring
approbation, *f.*, approval
approcher, to approach
    s'approcher de, to draw near to
approuver, to approve
appui, *m.*, support
Arabe, *m. & f.*, Arab
arbitraire, arbitrary
arbre, *m.*, tree
arc, *m.*, arch
arène, *f.*, arena; amphitheatre
argent, *m.*, money
arme, *f.*, weapon; arm
armée, *f.*, army
armure, *f.*, armor
arrêt, *m.*, stop; stoppage
arrêter, to stop; to arrest
arrière-grand-père, *m.*, great-grandfather
arrière-petit-fils, *m.*, great-grandson
arrivée, *f.*, arrival
arriver, to arrive, to happen
Asie, *f.*, Asia
assassiner, to assassinate
Assemblée nationale, *f.*, National Assembly
assister à, to attend

assurer, to assure
atmosphère, *f.,* atmosphere
atomique, atomic
attaquer, to attack
atteint à, struck
attendre, to wait
attirer, to attract
au, *m. sing.,* to the; at the; on the; in the
aucun, -e (ne), any; anyone; not any
audacieux, -se, daring; audacious
augmenter, to increase
aujourd'hui today
auprès de, in the opinion of
aurait, auraient, would have
aussi, also; too
    aussi . . . que, as . . . as
autant, as much
autocratie *f.,* autocracy
autocratique, autocratic
automatiquement, automatically
autonome, autonomous; independent
autonomie, *f.,* autonomy; independence
autoriser, to authorize
autorité, *f.,* authority
autre, other
    les uns que les autres, each one . . .
    than the other
autrefois, formerly
Autriche, *f.,* Austria
autrichien, -ne, Austrian
aux, *m. & f. pl.,* to the; at the; on the; in the
avaient, 3rd per. pl. imperf. of **avoir**
avait, 3rd per. sing. imperf. of **avoir**
avancement, *m.,* advancement
avancer, to advance
avant, before;
    avant de + inf., before + -ing;
    avant que, before
avec, with
avènement, *m.,* succession to the throne
avenir, *m.,* future
s'avérer, to prove to be
avertir, to warn
avoir, to have
ayant (pres. part. of **avoir**), having

B

bande magnétique, *f.,* recording tape
baptiser, to baptize
barbare, *m.,* barbarian
Basque, *m.,* inhabitant of the Basque
    region
bastion, *m.,* fortress; bastion
bataille, *f.,* battle
bâtir, to build

battre, to beat
    se battre, to fight
    battre en retraite, to retreat
beau, bel, belle, fine; beautiful
beaucoup, much; a great deal; a lot; many;
    very much; very many
    beaucoup de, much; a great deal of;
    many
beauté, *f.,* beauty
beaux, *see* **beau**
bel, *see* **beau**
Belgique, *f.,* Belgium
belle, *see* **beau**
bergère, *f.,* shepherdess
besoin, *m.,* need;
    avoir besoin de, to need; to have need
    of
beurre, *m.,* butter
bibliothèque, *f.,* library
bien, *m.,* good (as noun)
bien, well; all right
    bien que, although
blessé, *m.,* wounded
bloc, *m.,* block
    en bloc, as a block
bois, *m.,* wood; forest
boisé, -e, wooded; timbered
boîte de nuit, *f.,* nightclub
bon, -ne, good
bordé, -e, de, lined with; bordered by
borné, -e, bounded
bourgeoisie, *f.,* middle class
Bourgogne, *f.,* Burgundy (province of)
bout, *m.,* end
boutique, *f.,* small shop
Bretagne, *f.,* Brittany
    Grande-Bretagne, *f.,* Great Britain
Breton, *m.,* inhabitant of Brittany
britannique, British
brûler, to burn
    brûlée vive sur un bûcher, burned alive
    at the stake
Bulgarie, *f.,* Bulgaria
but, *m.,* goal; aim
butte, *f.,* hill
byzantin, -e, Byzantine

C

cadeau, *m.,* gift; present
Calédonie, *f.,* Caledonia
calmer, to calm
campagne, *f.,* country
canal, -aux, *m.,* canal
capacité, *f.,* ability
capitale, *f.,* capital

capituler, to capitulate
captivité, *f.,* captivity
car, for; because
caractère, *m.,* character; personality
carte, *f.,* map
catholique, catholic
cause, *f.,* cause
    à cause de, because of
causer, to cause
ce, cet, cette (demons. adj.), this; that
    ce que, ce qui, what; that; which
cela, that
célèbre, celebrated; renowned; famous
celle, celles, *see* **celui**
celui (demons. pron.) *m. pl.*
    ceux; celle, *f. pl.* **celles,** the one; the
    ones; this one; that one; these; those
censure, *f.,* censorship
cent, one hundred; hundred
centaines, hundreds
centre, *m.,* center
    centre de tourisme, resort center
cependant, however
ces (demons. adj.), these; those
cesser, to cease
    cessez-le-feu, *m.,* cease-fire
cet, *see* **ce**
cette, *see* **ce**
ceux, *see* **celui**
chaîne, *f.,* chain; range
champ, *m.,* field;
    champ de courses, racetrack
chancelier, *m.,* chancellor
changement, *m.,* change
chanson, *f.,* song
chansonnette, *f.,* little song
chanter, to sing
chanteur, -euse, singer
chaos, *m.,* chaos; disorder
chaque, each
charmant, -e, charming
charme, *m.,* charm
    un charme tout particulier, a very
    special charm
chasser, to chase; to hunt
château, -x, *m.,* castle;
    château fort, *m.,* fortress
chaumière, *f.,* cottage
chef, *m.,* leader; chief
chef-d'œuvre, *m.,* masterpiece
chemin, *m.,* road
    chemin de fer, *m.,* railroad
cheval, -aux, *m.,* horse
chimique, chemical
Chine, *f.,* China

choisir, to choose
chose, *f.,* thing
chrétien, -ne, Christian
christianisme, *m.,* Christianity
cidre, *m.,* cider
ciel, *m.,* sky
cinéma, *m.,* movie
cinq, five
cinquante, fifty
cinquième, fifth
citer, to mention; to cite
citoyen, -ne, citizen
clair, -e, clear
clarté, *f.,* clarity
classe, *f.,* class
clergé, *m.,* clergy
coin, *m.,* spot; corner
collègue, *m.,* colleague; companion
colon, *m.,* colonist
coloré, -e, colorful
combattre, to fight; to combat
comme, as; like; how
commencement, *m.,* beginning
commencer, to begin
commercial, -e, -aux, commercial
commettre, to commit
commis, past part. of **commettre**
communauté, *f.,* commonwealth
communiste, communist
comparaison, *f.,* comparison
comparer, to compare
complètement, completely
composer, to compose
    se composer de, to be composed of
comprendre, to understand
compris, past part. of **comprendre**
    y compris, -e, including
compromettre, compromise; implicate
concerner, to concern
conciliatoire, conciliatory
conclure, to conclude
condamner, to condemn
conduire, to lead
conduit, past part. of **conduire**
conduite, *f.,* conduct
confiance, *f.,* confidence
confiant, -e, confident
confier, to entrust
conflit, *m.,* conflict
confronter, to confront; to face
connaissance, *f.,* acquaintance;
    faire la connaissance de, to meet; to
    make the acquaintance of
connaît, 3rd per. sing. pres. of **connaître**
connaître, to be acquainted with; to know

connu, past part. of connaître
conquérant, *m.,* conqueror
conquérir, to conquer
conquête, *f.,* conquest
conquis, past part. of conquérir
conseil des ministres, *m.,* cabinet
conseiller, *m.,* adviser
conséquence, *f.,* consequence
conservateur, -trice, conservative
conserver, to conserve; to keep
considérer, to consider; to take into consideration
constitutionnel, -le, constitutional
construire, to build; to construct
construit, past part. of construire
conte, *m.,* story
contenir, to contain
contient, 3rd per. sing. of contenir
continuer (à), to continue
contraste, *m.,* contrast
contre, against
contribuer, to contribute
convaincre, to convince
convaincu, past part. of convaincre
convertir, to convert
convoquer, to call together
corrompre, to corrupt
Corse, *f.,* Corsica
costume, *m.,* native dress
côte, *f.,* coast
    Côte d'Azur, French Riviera
côté, *m.,* side
    à côté de, on the side of
    de deux côtés, on both sides
coup, *m.,* blow
cour, *f.,* court
courageusement, courageously
courageux, -se, courageous, brave
courant, *m.,* current
couronner, to crown
course de taureaux, *f.,* bullfight
court, -e, short
coûteux, -se, costly
coutume, *f.,* custom
couvrir, to cover
craignait, 3rd per. sing. imperf. of craindre
craindre, to fear
créer, to create
crise, *f.,* crisis
critique, *f.,* criticism
croire, to believe
Croisade, *f.,* Crusade
Croisé, *m.,* Crusader
croyaient, 3rd per. pl. imperf. of croire
croyait, 3rd per. sing. imperf. of croire

cru, past part. of croire
crypte, *f.,* crypt
culte, *m.,* worship
culture, *f.,* cultivation
culturel, -le, cultural
curiosité, *f.,* curiosity
    curiosités, sights

D

dans, in; into
dater, to date
dauphin, *m.,* title of the eldest son of the king of France
de, of; from; in; with
débarquement, *m.,* landing
débarquer, to debark
début, *m.,* beginning
décapité, beheaded; decapitated
décevoir, to disappoint
déchiré, -e, torn
décider, to decide
décision, *f.,* decision
déclarer, to declare
déclin, *m.,* decline
décor, *m.,* decoration
découverte, *f.,* discovery
déçu, past part. of décevoir
dédier, to dedicate
défaite, *f.,* defeat
défendre, to defend
définitivement, finally; for good
déjà, already
de justesse, barely, by a small margin
délivrer, to deliver
demander, to ask; to ask for
    demander à quelqu'un de faire quelque chose, to ask someone to do something
    se demander, to wonder
demeurer, to live
démission, *f.,* resignation
démocratique, democratic
dentelle, *f.,* lace
dépeindre, to depict
dépeint, past part. of dépeindre
dépendance, *f.,* dependence
dépendre (de), to depend (on)
dépense, *f.,* expense
depuis, since
député, *m.,* deputy
dernier, -ère, last
des, of the; some
désastreux, -se, disastrous
désespoir, *m.,* despair
dès lors, from that time on
désordre, *m.,* disorder

desquelles, of which; from which
dessert, 3rd per. sing. pres. of **desservir**
desservir, to serve
destin, *m.,* destiny; fate
destiner, to destine; to intend
détendre, to relax
détoner, to detonate; to fire
détruire, to destroy
détruit, -e, destroyed
deux, two
deuxième, second
devant, in front of
développement, *m.,* development
devenir, to become
devenu, past part. of **devenir**
deviennent, 3rd per. pl. pres. of **devenir**
devient, 3rd per. sing. pres. of **devenir**
devise, *f.,* motto
devoir, to owe; to have to; must
devons, 1st per. pl. pres. of **devoir**
se dévouer, to devote oneself
dictateur, *m.,* dictator
dictature, *f.,* dictatorship
Dieu, *m.,* God
digne, worthy
digue, *f.,* dike
dimanche, *m.,* Sunday
diplomatie, *f.,* diplomacy
dire, to say; to tell
    c'est-à-dire, that is to say
diriger, to direct
disent, 3rd per. pl. pres. of **dire**
dissolution *f.,* dissolution
dissoudre, to dissolve
dissous, past part. of **dissoudre**
se distinguer, to distinguish oneself
se distraire, to distract; to amuse oneself;
    to have a good time
dit, past part. of **dire**
diviser, to divide
divorcer, to divorce
dix-huit, eighteen
dixième, tenth
dix-neuvième, nineteenth
dix-septième, seventeenth
doit, 3rd per. sing. pres. of **devoir**
domaine, *m.,* domain
dominer, to dominate; to overlook
don, *m.,* gift; donation
donc, then
donner, to give
dont, whose; of which
dos, *m.,* back
doute, *m.,* doubt
douteux, -se, doubtful

doux, -ce, mild; gentle; soft; sweet
douze, twelve
droit, *m.,* right
droit, -e, right
du, of the; from the; in the; some; any
dû, past part. of **devoir**
duc, *m.,* duke
duché, *m.,* duchy
durée, *f.,* duration
durer, to last; to endure
dynamique, dynamic
dynastie, *f.,* dynasty

E

eau-de-vie, *f.,* brandy
échange, *m.,* exchange
    en échange de, in exchange for
s'échapper de, to escape from
échouer, to fail
école, *f.,* school
économe, thrifty
économie, *f.,* economy
économique, economic
économiquement, economically
écoute, *f.,* wiretapping
écrire, to write
écrit, past part. of **écrire**
écrivain, *m.,* writer
édifice, *m.,* building
édit, *m.,* edict
effectuer, to put into effect
effet, *m.,* effect
également, also; as well
égalité, *f.,* equality
église, *f.,* church
élargissement, *m.,* enlargement, expansion
Elbe, *f.,* Elba
élection, *f.,* election
électoral, -aux, electoral
électorat, *m.,* electorate
électrique, electric; electrical
élire, to elect
elle, *f.,* she; it
élu, past part. of **élire**
embouchure, *f.,* mouth (of a river)
émeute, *f.,* riot
émigré, -e, political refugee
emmener, to take away; to lead away
s'emparer de, to seize
empereur, *m.,* emperor
emplacement, *m.,* site
emploi, *m.,* job; use
    faire emploi de, to make use of
emprisonner, to imprison

en (prep.), in; at; to; by; **en** + pres. part.,
 while; in; on; by
en (pron.), of it; about it; of them; some; any
enchanteur, **-se,** charming; enchanting
encore, again; yet; still
 encore une fois, once more
encourager, to encourage
énergique, energetic
enfant, *m. & f.,* child
enfin, finally; at last
s'enfuir, to flee
ennemi, *m.,* enemy
énorme, enormous, huge
enquête, *f.,* investigation
enregistrer, to record
enseignement, *m.,* learning; teaching;
 education; instruction
ensemble, together
ensoleillé, **-e,** sunny
ensuite, afterwards; then; next
enterrer, to bury
entier, **-ère,** whole; entire
entièrement, entirely
entouré, **-e,** surrounded
 entouré de, surrounded by
entraîner, to entail
entre, between
entrée, *f.,* entrance; entry
entreprenant, pres. part. of **entreprendre**
entreprendre, to undertake
entrepris, past part. of **entreprendre**
entreprise, *f.,* undertaking
entrer, to enter
entretemps, meanwhile
envahir, to invade
envahisseur, *m.,* invader
envers, toward
envoyer, to send
épargner, to spare
époque, *f.,* epoch; era
épouser, *f.,* to wed; to marry
éprouver, to test; to experience
s'épuiser, to be exhausted
ère, *f.,* era
erreur, *f.,* error
Espagne, *f.,* Spain
espèce, *f.,* kind
espérant, pres. part. of **espérer**
espérer, to hope
espoir, *m.,* hope
esprit, *m.,* mind; spirit
essai, *m.,* test
essayer **(de),** to try
est, 3rd per. sing. pres. of **être**

est, *m.,* east
et, and
établir, to establish
étaient, 3rd per. pl. imperf. of **être**
était, 3rd per. sing. imperf. of **être**
étalage, *m.,* display
 étalage de bouquiniste, book stall
étant, being
état, *m.,* state
États-Unis, *m. pl.,* United States
été, past part. of **être**
étendre, to spread
 s'étendre, to be spread
éternel, **-le,** eternal
ethnique, ethnic
étoile, *f.,* star
étranger, *m.,* foreigner; stranger
étranger, **-ère,** foreign
être, to be
 être en train de, to be in the act of
étroit, **-e,** narrow
étudiant, *m.,* student
eu, past part. of **avoir**
eurent, 3rd per. pl. historical past *(passé*
 simple) of **avoir**
européen, **-ne,** European
eut, 3rd per. sing. historical past *(passé*
 simple) of **avoir**
évaluer, to evaluate; to consider; to estimate
événement, *m.,* event; incident
éviter, to avoid
évoquer, to evoke; to bring to mind
exaucer, to answer (a prayer)
exception, *f.,* exception
 à l'exception de, with the exception of
exclure, to exclude
exécutif, **-ve,** executive
exemple, *m.,* example
 par exemple, for example
exemplifier, to exemplify
exercer, to exert; to exercise
exiger, to demand
exil, *m.,* exile
exiler, to exile
exister, to exist
expliquer, to explain
explorer, to explore
exposer, to expose; to show
extérieur, **-e,** exterior
extraire, to extract
extraordinaire, extraordinary
extrêmement, extremely

F

fabriqué, manufactured; made; fabricated
facteur, *m.,* letter carrier
faible, weak
faiblesse, *f.,* weakness
failli, past part. of **faillir**
faillir, to narrowly miss
faim, *f.,* hunger
faire, to make; to do
    faire face à, to confront
    faire + *infinitive,* to have
    something done
    faire du mal à, to hurt
    faire parti de, to be part of
    faire peur à, to scare
    faire du ski, to ski
    se faire, to be made; to become
faisant, pres. part. of **faire**
fait, 3rd per. sing. pres. of **faire**
fait, *m.,* fact
    fait accompli, an accomplished fact
falloir, to need; to be necessary
fallu, past part. of **falloir**
fameux, -se, famous; well-known
famille, *f.,* family
fanatique, *m.,* fanatic
faut, *see* **il faut**
faveur, *f.,* favor
favoriser, to favor; to advocate
femme, *f.,* wife, woman
féodal, -e, feudal
féodalisme, *m.,* feudalism
fermier, *m.,* farmer
féroce, ferocious; fierce
feu, *m.,* fire
fidèle, faithful
fier, -ère, proud
fil, *m.,* wire
filature, *f.,* textile mill
fille, *f.,* girl; daughter
fils, *m.,* son
fin, *f.,* end
    mettre fin à, to put an end to
finalement, finally
financer, to finance
flamme, *f.,* flame
fleur, *f.,* flower
fleurir, to flourish
fleuve, *m.,* river that flows into an ocean
fois, *f.,* time
    encore une fois, once again; once
    more
    à la fois, at the same time
folie, *f.,* madness
fonder, to establish; to found

font, 3rd per. pl. pres. of **faire**
forcer (de), to force; to oblige
forces armées, *f. pl.,* armed forces
forêt, *f.,* forest
former, to form
fort, -e, strong
fortifier, to fortify
français, *m.,* French language
français, -e, French
Français, *m.,* Frenchman
Française, *f.,* Frenchwoman
fraude fiscale, *f.,* tax evasion
fréquenté, -e, frequented; visited often
frère, *m.,* brother
frivole, frivolous
fromage, *m.,* cheese
frontière, *f.,* frontier; boundary; border
fuir, to flee
furent, 3rd per. pl. historical past *(passé
    simple)* of **être**
fusée, *f.,* missile; rocket
fusiller, to shoot
fut, 3rd per. sing. historical past *(passé
    simple)* of **être**

G

gagner, to win; to earn
    gagner sa vie, to earn one's living
galerie, *f.,* gallery
garantir, to guarantee
garder, to keep
garderie, *f.,* day nursery
gauche, left
Gaule, *f.,* former name of France
Gaulois, *m.,* inhabitant of Gaul
gaulois, -e, Gallic, of Gaul
général, -aux, *m.,* general
généralement, generally
genre, *m.,* genre; kind; sort; species
germanique, Germanic; Teutonic
gestion, *f.,* administration; management
glace, *f.,* mirror
gothique, Gothic
goût, *m.,* taste
gouvernement, *m.,* government
gouverner, to govern
grâce à, thanks to
grand, -e, great; big; large; tall
    un grand homme, a great man
    un homme grand, a tall man
grandement, greatly
grandeur, *f.,* grandeur; greatness
grand-père, *m.,* grandfather
granitique, of granite

grave, serious
gravement, gravely; seriously
gravure, f., picture; print
grève, f., strike
guerre, f., war
guerrier, m., warrior
Guillaume, William
guillotiner, to guillotine
Guinée, f., Guinea
Guyane, f., Guiana

H

habitant, -e, inhabitant
habiter, to inhabit
haut, -e, high
    du haut de, from the top of
herbe, f., grass
héritier, m., heir
héros, m., hero
hésiter, to hesitate
heureusement, fortunately
Hiroshima, large city in Japan
histoire, f., history; story
historique, historic; historical
hitlérien, -ne, Hitlerian
hiver, m., winter
homme, m., man
    homme d'état, statesman
honneur, m., honor
hôpital, -aux, m., hospital
horloge, f., clock
hors de, out of, beyond
hostilité, f., hostilities
hôtel, m., hotel
huguenot, m., French protestant
humanitaire, humanitarian; humane
humanité, f., humanity
huit, eight
hymne, m., anthem; hymn

I

ici, here
idée, f., idea
idiome, m., language
il faut, it is necessary; one must
il se peut, it may be
il y a, there is; there are; ago
il y avait, there was; there were
île, f., isle; island
îlot, m., small island
imiter, to imitate
immédiatement, immediately
immortalisé, -e, immortalized

imposer, to impose
impôt, m., tax
impressionnant, -e, impressive
imprimerie, f., printing
inaugurer, to inaugurate; to begin
inciter, to incite, to encourage
inconnu, -e, unknown
inculper, to indict; to charge
indemnité, f., indemnity
indiquer, to indicate; to point out
Indochine, f., Indochina
industrialiser, to industrialize
industriel, -le, industrial
ingénieur, m., engineer
initier, to initiate; to begin
innocenter, to acquit; to clear of a charge
inquiet, -ète, worried
inquiéter, to worry
insister, to insist
inspirer, to inspire
instabilité, f., instability
instruction, f., education
instruit, -e, educated
intégral, -e, integral; full
intellectuel, -le, intellectual
intéressant, -e, interesting
intéresser, to interest
    s'intéresser à, to take an interest in
intérêt, m., interest
intérieur, -e, interior
interner, to confine; to intern; to put in prison
inviter, to invite
irrésolu, -e, wavering
Italie, f., Italy
italien, -ne, Italian

J

jamais, ever
    ne . . . jamais, never
janvier, m., January
japonais, -e, Japanese
jardin, m., garden
jeter, to throw
    se jeter dans, to empty into; to flow into
jeune, young
se joindre à, to join with
joint, past part. of joindre
joli, -e, pretty
jouer, to play
jour, m., day
joyeux, -se, joyous; happy
juillet, m., July
juin, m., June

jusqu'à, until; up to; as far as
jusqu'ici, until now
justifier, to justify

K

kiosque, *m.*, newsstand; display stand

L

là, there
langue, *f.*, language
le (dir. obj. pron.), *m. sing.*, him; it
législatif, -ive, legislative
légitime, legitimate
lequel, laquelle, lesquels, lesquelles,
    which; whom
les (dir. obj. pron.), them
lesquels, lesquelles, *see* lequel
leur (poss. adj.), their
leur (indir. obj. pron.), to them
libérer, to liberate
    se libérer de, to be free of
liberté, *f.*, freedom; liberty
libre, free
lieu, *m.*, place
    avoir lieu, to take place;
    au lieu de, in place of
limiter, to limit
lire, to read
littérature, *f.*, literature
livre, *m.*, book
loi, *f.*, law
loin, far
long, -ue, long
    le long de, along
longer, to go along; to extend along
lorsque, when
lui (indirect obj. pron.), to him; to her
lumière, *f.*, light
lutte, *f.*, struggle; fight
lutter, to struggle; to fight

M

magasin, *m.*, store
magnifique, magnificent
Mahomet, Mohammed
mai, *m.*, May
maintenant, now
maire, *m.*, mayor
mais, but
maître, *m.*, ruler; master
majoritaire, in the majority
majorité, *f.*, majority
mal, badly

maladie, *f.*, illness
malgré, in spite of
malheur, *m.*, misfortune
malheureusement, unfortunately
Manche, *f.*, English Channel
manière, *f.*, manner, way
manifester, to show, to manifest
manque, *m.*, lack
marbre, *m.*, marble
marchand, *m.*, merchant; vendor
marchandise, *f.*, merchandise
marché, *m.*, market
    Marché commun, the Common Market
maréchal, *m.*, field marshal
mariage, *m.*, marriage
se marier avec, to marry
Maroc, *m.*, Morocco
massif, *m.*, highland
massif, -ve bulky; massive
mécène, *m.*, patron of the arts
mécontentement, *m.*, discontent
meilleur, -e, better; best
même, same; even
menacer, to threaten; to menace
mener, to lead
mentionner, to mention
mer, *f.*, sea
    Mer des Indes, Indian Ocean
mère, *f.*, mother
merveille, *f.*, wonder; marvel
mesure, *f.*, measure
métier, *m.*, trade
métro, *m.*, subway
mettre, to put
    mettre en danger, to endanger
    mettre fin à, to put an end to
    mettre en question, to put in doubt; to
    put in question
    se mettre à, to begin
    se mettre en contact, to come in
    contact

mexicain, -e, Mexican
Mexique, *m.*, Mexico
Midi, *m.*, Southern France
mieux, better; best
milieu, -x, middle; midst
    au milieu de, in the middle of
militaire, military
militaire, *m.*, soldier; military man
militairement, militarily
mille, thousand; one thousand
milliers, thousands
ministre, *m.*, minister
minorité, *f.*, minority
mis, past part. of mettre

misère, *f.,* misery; trouble
mode, *f.,* fashion
modéré, **-e,** moderate
moderniser, to modernize
mœurs, *f. pl.,* morals
moi, me; I
moins (de), less
mois, *m.,* month
moitié, *f.,* half
monarchie, *f.,* monarchy
monarchiste, *m.,* monarchist
monarque, *m.,* monarch
monde, *m.,* world
    tout le monde, everybody
mondiale, worldwide
monétaire, monetary
monnaie, *f., (here)* money
montagnard, *m.,* mountaineer
montagne, *f.,* mountain
montagneux, **-se,** mountainous
montrer, to show; to indicate
mort, *f.,* death
mort, **-e,** past part. of **mourir**
Moscou, Moscow
mot, *m.,* word
mouraient, 3rd per. pl. imperf. of **mourir**
mourir, to die
mouvement, *m.,* movement
moyen, *m.,* means
    au moyen de, by means of
    moyen âge, *m.,* Middle Ages
se multiplier, to multiply; to increase
musée, *m.,* museum
musique, *f.,* music
musulman, **-e,** Moslem

N

naître, to be born
navigateur, *m.,* navigator
ne
    ne . . . jamais, never
    ne . . . pas, not
    ne . . . plus, no more; no longer
    ne . . . que, only
    ne . . . rien, nothing
né, past part. of **naître**
néanmoins, nevertheless
nécessaire, necessary
négligence, *f.,* neglect
négocier, to negotiate
neuf, nine
neveu, *m.,* nephew
noblesse, *f.,* nobility
Noël, Christmas
nom, *m.,* name

nombre, *m.,* number
nombreux, **-se,** numerous
nommer, to name
non, not
nord, *m.,* north
Normand, **-e,** Norman; inhabitant of
    Normandy
normand, **-e,** Norman; of Normandy
Notre-Dame, Our Lady
nourriture, *f.,* food
nous, (sub. pron.) we; (obj. pron.) us, to us
nouveau, **-el, -elle, -eaux,** new
    de nouveau, again
nucléaire, nuclear

O

obliger, to oblige
obstinément, obstinately
obstruction, *f.,* obstruction
obtenir, to obtain
occidental, **-e,** western; occidental
occuper, to occupy
    s'occuper de, to be occupied with
œil, *m.,* eye
    coup d'œil, glance
œuvre, *f.,* work of art
offert, past part. of **offrir**
officiel, **-le,** official
officier, *m.,* officer
offre, *f.,* offer
offrent, 3rd per. pl. pres. of **offrir**
offrir, to offer
on, one; people; we; you; they
oncle, *m.,* uncle
ont, 3rd per. pl. pres. of **avoir**
onze, eleven
onzième, eleventh
or, *m.,* gold
    d'or, golden
ordre, *m.,* order
origine, *f.,* origin
ornementation, *f.,* ornamentation
ou, or
où, where
oublier (de), to forget
ouest, *m.,* west
outil, *m.,* tool
d'outre-mer, overseas
ouvrier, *m.,* worker
ouvrier, **-ère,** working

P

Pacifique, *m.,* Pacific
pacte, *m.,* pact

paisible, peaceful
paix, *f.,* peace
palais, *m.,* palace
Pape, *m.,* Pope
par, by; through
    par conséquent, consequently
paraître, to appear
paralyser, to paralyze
parc, *m.,* park
parce que, because
parfum, *m.,* perfume
parfumerie, *f.,* perfume industry
parler, to speak; to talk
parmi, among
part, *f.,* part
    de la part de, on the part of
partage, *m.,* division
parti, *m.,* party
participer, to participate
partie, *f.,* part
partisan, *m.,* supporter
pas, *m.,* step
    à grand pas, rapidly
passé, *m.,* past
passer, to pass
patron, -ne, patron
patronage scolaire, *m.,* support of schools
patronner, to patronize; to support
pâturage, *m.,* pasture land
pauvre, poor; needy
payer, to pay
pays, *m.,* country; region; district
    pays basque, Basque region
    pays natal, *m.,* birthplace
paysan, *m.,* farmer; peasant
pêcheur, *m.,* fisherman
pèlerin, *m.,* pilgrim
pendant, during
    pendant que, while
pénétrer, to penetrate
pension, *f.,* pension
perdre, to lose
père, *m.,* father
période, *f.,* period
permettre, to permit
permis, past part. of **permettre**
perspicace, shrewd
peste, *f.,* plague
petit, -e, little; small
petit-fils, *m.,* grandson
peu, few; little
    un peu de, somewhat; a little bit
    peu de temps après, shortly after

peuple, *m.,* people
peur, *f.,* fear

avoir peur, to be afraid
peut, 3rd per. sing. pres. of **pouvoir**; *see*
    also il se peut
peut-être, perhaps
peuvent, 3rd per. pl. pres. of **pouvoir**
Phénicien, *m.,* Phoenician
philosophe, *m.,* philosopher
pièce, *f.,* play
pied, *m.,* foot
pierre, *f.,* stone
pieux, -se, pious
piller, to pillage
pire, worse; worst
pittoresque, picturesque
place, *f.,* square
plage, *f.,* beach
plainte, *f.,* complaint
plaire à, to please
plu, past part. of **plaire**
plupart, *f.,* (la . . . de), most; the largest part
plus (de), more; most
    ne . . . plus, no more; no longer
    en plus de, in addition to; besides
    plus . . . (de) que, more . . . than
    plus qu'à, more than
    plus tard, later

plusieurs, several
poète, *m.,* poet
politique, political
politique, *f.,* politics; policy
Pologne, *f.,* Poland
pont, *m.,* bridge
populaire, popular
popularité, *f.,* popularity
porcelaine, *f.,* china; porcelain
porte, *f.:* door; gate
portée, *f.:* de grande portée, of great
    importance
porter, to wear; to carry
poser, to put; to set down
posséder, to possess; to own
poste, *m.,* position
poteau, *m.,* pole; post; stake
pour, for; in order to + inf.
pourquoi, why
poursuivre, to pursue; to continue
pousser, to grow
pouvoir, to be able; can
pouvoir, *m.,* power
pratique, *f.,* practice, method
pratiquer, to practice
précaire, precarious
précéder, to precede; to come before
précipiter, to precipitate; to bring about
prédécesseur, *m.,* predecessor

premier, -ère, first
prenant, pres. part. of **prendre**
prendre, to take
préparer, to prepare
près (de), near
présidence, f., presidency
presque, almost
presse, f., press
prétendre, to claim
prêter, to lend
prêtre, m., priest
preuve, f., proof
    faire preuve de, to show, manifest
prier, to pray; to ask
prière, f., prayer
princesse, f., princess
principal, -e, -aux, principal; main
principe, m., principle; basic truth
pris, past part. of **prendre**
prise, f., taking
prisonnier, -ère, prisoner
    faire prisonnier, to capture
privé, -e, private
problème, m., problem
procédé, m., process
proclamer, to proclaim
produire, to produce
produit, m., product
produit, past part. of **produire**
profiter, to profit
programme, m., program
progrès, m., progress
projet, m., project; plan
    projet de loi, bill; proposed law
se promener, to stroll; to take a walk
promesse, f., promise
promettre, to promise
propager, to propagate; to spread
prospérité, f., prosperity
se protéger, to protect oneself
protestantisme, m., protestantism
protestation, f., protest
Provençaux, m. pl., the people of Provence
Provence, f., the south of France
provisoire, provisional, acting
provoquer, to provoke
Prusse, f., Prussia
pu, past part. of **pouvoir**
public, m., public
publique, public
puis, then
puissance, f., power
puissant, -e, powerful
pureté, f., purity

Q

quand, when
quart, fourth; quarter
quartier, m., quarter; section (of a town)
quasi, nearly, almost
quatorze, fourteen
quatorzième, fourteenth
quatre, four
quatrième, fourth
que (rel. pron.), whom; which; that
quelques, a few
quelques-uns, a few
qui (rel. pron.), who; which; whom
quinze, fifteen
quittant, pres. part. of **quitter**, leaving
quitter, to leave
quoique, although

R

radical, -e, -aux, radical
rage, f., rabies
raison, f., reason
    avoir raison to be right
    en raison de, due to; by reason of
ramasser, to collect; to muster
rappeler, to recall
rapport, m., understanding; relationship
ravitailler, to supply
rayonner, to radiate
réagir, to react
réalisation, f., accomplishment
réalité, f., reality
réarmement, m., rearmament
se réarmer, to rearm oneself
recevoir, to receive
recommencer, to begin again
reconnaissons, 1st per. pl. pres. of
    reconnaître
reconnaître, to recognize; to acknowledge
reconvoquer, to call together again
reçu, past part. of **recevoir**
redevenir, to become again
redevenu, past part. of **redevenir**
rédiger, to edit
redonner, to give back
redoutable, fearful
réelle, real; true
refléter, to reflect
    se refléter, to be reflected
réforme, f., reform
    Réforme, f., Reformation
refuser, to refuse
regagner, to regain; to win back
regarder, to look at

regardons, let's look at
régence, *f.,* regency
régent, -e, regent
régime, *m.,* regime
réglementer, to regulate
règne, *m.,* reign
régner, to reign
rehausser, to raise
reine, *f.,* queen
relier, to link; to connect
religieux, -se, religious
remettre, to put back
remontant, pres. part. of **remonter**
remonter, to go up; to build up
remplacer, to replace
remporter, to win; to gain; to carry off
rencontrer, to meet; to encounter
rendre, to render; to make
    se rendre à, to surrender to
    se rendre compte de, to realize
renforcer, to strengthen
renommé, -e, famous; renowned
renoncer, to renounce
se répandre, to spread
répondre, to answer
se reposer, to rest
repousser, to push back
reprendre, to take back; to begin again
représenter, to represent
réprimer, to repress; to suppress
repris, past part. of **reprendre**
républicain, -e, republican
répudier, to repudiate
résister (à), to resist
résoudre, to solve
résolu, past part. of **résoudre**
responsable, responsible
ressembler (à), to look like; to resemble
ressortir, to emphasize; to bring to light
Restauration, *f.,* Restoration
restaurer, to restore
rester, to remain; to stay
restes, *m.,* remains
restreindre, to restrain
résultat, *m.,* result
rétablissement, *m.,* reestablishment
retenir, to retain
retirer, to withdraw
retour, *m.,* return
retraite, *f.,* pension
réunion, *f.,* public meeting
se réunir, to reunite
réussir, to succeed
réussite, *f.,* success
révéler, to reveal

revenir, to come back
revêtir, to don; to put on
revêtu, past part. of **revêtir**
révocation, *f.,* revocation
révolte, *f.,* revolt
se révolter, to rebel; to revolt
révolutionnaire, *m.,* revolutionist
révolutionnaire, revolutionary
riche, rich
richesse, *f.,* wealth
rivalité, *f.,* rivalry
rive, *f.,* bank (of a river)
rivière, *f.,* river that flows into another river
rocheux, -se, rocky
roi, *m.,* king
rôle, *m.,* role; part
Romain, -e, Roman; an inhabitant of Rome
romain, -e, Roman; of Rome
roman, *m.,* novel
roman, -e, Romanesque
route, *f.,* road; highway
routinier, -ière, routine
royaliste, *m.,* royalist
royaume, *m.,* kingdom
rudimentaire, rudimentary; primitive
ruine, *f.,* ruin
rumeur, *f.,* rumor
rusé -e, crafty
Russe, Russian man or woman
russe, Russian
Russie, *f.,* Russia

S

sa, *see* **son**
sable, *m.,* sand
sachant, pres. part. of **savoir**
Sacré-Cœur, Sacred Heart
sacrer, to crown
sagesse, *f.,* wisdom
saint, -e, saint
salle, *f.,* large room
sanglant, -e, bloody
sanguinaire, bloody
sans, without
santé, *f.,* health
sauvage, wild; savage
sauver, to save
    se sauver de, to escape from
savant, *m.,* scholar
savait, 3rd per. sing. imperf. of **savoir**
savoir, to know
scandale, *m.,* scandal
scandinave, Scandinavian
Scandinavie, *f.,* Scandinavian countries

scientifique, scientific
sculpter, to sculpt
secondaire, secondary
seconde, second
seigneur, *m.,* feudal lord; lord
seize, sixteen
seizième, sixteenth
sembler, to appear; to seem
sensiblement, perceptibly
sentir, to feel
séparément, separately
séparer, to separate
sept, seven
ses, *see* son
seuil, *m.,* threshold
seul, -e, single; alone; only
seulement, only
    non seulement, not only
si, if; so
siècle, *m.,* century
siège, *m.,* seat
signer, to sign
situé, -e, situated
social, -e, -aux, -es, social
soie, *f.,* silk
soixante-douze, seventy-two
soldat, *m.,* soldier
soleil, *m.,* sun
solennel, -lle, solemn
sombre, dark; somber
sommet, *m.,* summit; highest point
somptueux, -se, sumptuous
son (poss. adj.), his; her; its; *fem. sing.,* sa,
    m. & f. pl., ses
sont, 3rd per. pl. pres. of être
sorcière, *f.,* witch; sorceress
sortant, pres. part. of sortir, leaving
sortir, to go out; to leave
souci, *m.,* worry; concern
souffert, past part. of souffrir
souffrir, to suffer
soulever, to raise
soulèvement, *m.,* uprising
souligner, to emphasize
se soumettre, to submit; to yield; to give in
soumis, past part. of se soumettre
souple, flexible
souplesse, *f.,* flexibility
sous, under
sous-marin, *m.,* submarine
souterrain, subterranean; underground
soutien, *m.,* support
souvent, often; many times
souverain, *m.,* sovereign
spécial, -e, -aux, special

splendide, splendid
stratégie, *f.,* strategy
style, *m.,* style
subir, to undergo; to sustain
subvention, *f.,* subsidy
succéder, to succeed
succès, *m.,* success
successeur, *m.,* successor
sud, *m.,* south
suffrage, *m.,* right to vote
    à suffrage universel, by universal
    suffrage
Suisse, *f.,* Switzerland
Suisse, Swiss
à la suite de, following
suivant, pres. part. of suivre
suivi, past part. of suivre
suivre, to follow
superficie, *f.,* surface; area
supérieur, -e, superior
superstitieux, -se, superstitious
supprimer, to suppress
sur, on
sûr, sure, sure
surnommé, nicknamed
surprenant, -e, surprising
surtout, above all; especially
susciter, to stir up; to excite
symbole, *m.,* symbol
syndicat, *m.,* labor union
système, *m.,* system

T

tableau, -x, *m.,* picture
tant, so much
taureau, *m.,* bull
tard, late
Tchécoslovaquie, *f.,* Czechoslovakia
tel, un tel, such a
    tels que, such as
téléphonique, pertaining to the telephone
téméraire, fearless; bold
tempéré, -e, tempered; temperate
temps, *m.,* time; weather
    en même temps, at the same time
    par temps clair, on a clear day
terme, *m.,* term; condition
terminer, to end
terrain, *m.,* land
terrasse, *f.,* terrace
    terrasse de café, sidewalk café
terre, *f.,* land; earth; ground
    Terre sainte, Holy Land
Terre-Neuve, *f.,* Newfoundland
terreur, *f.,* terror

territoire, *m.,* territory
terroriser, to terrify
tête, *f.,* head
théologie, *f.,* theology
tiers état, *m.,* third estate
tombeau, *m.,* tomb
totalitaire, totalitarian
toujours, always; still
tour, *f.,* tower
touriste, *m.,* tourist
tourner, to turn
tout, tous, toute, toutes, all; every
    tout le long de, all along
toutefois, nevertheless; nonetheless
traité, *m.,* treaty
travail, -aux, *m.,* work
travailler, to work
travailleur, -se, industrious; hard-working
travers, *see* **à travers**
traverser, to cross
treize, thirteen
treizième, thirteenth
très, very
trésor, *m.,* treasury
tribu, *f.,* tribe
triompher, to triumph, to win
trois, three
trône, *m.,* throne
trop, too much
troublé, troubled
troupe, *f.,* troop
trouver, to find
    se trouver, to be
tuer, to kill
Tunisie, *f.,* Tunisia
Turc, *m.,* Turk
tyrannie, *f.,* tyranny

U

unifier, to unify
unir, to unite
universitaire, pertaining to a
    university
université, *f.,* university

V

vaccin, *m.,* vaccine
vaincre, to conquer; to vanquish
vallée, *f.,* valley
valoir, to be worth, to earn, to merit
valu, past part. of **valoir**
velours, *m.,* velvet
vendre, to sell

venir, to come
venu, past part. of **venir**
verger, *m.,* orchard
vers, toward
vestige, *m.,* remains
victoire, *f.,* victory
victorieux, -se, victorious
vide, empty
vie, *f.,* life
viendrait, 3rd per. sing. cond. of **venir,** would
    come
viennent, 3rd per. pl. pres. of **venir**
Vierge, Virgin (Mary)
vieux, vieil, vieille, old
vif, vive, lively, sharp; alive
vigoureux, -se, vigorous
ville, *f.,* city; town
    ville d'eau, spa
vin, *m.,* wine
vingt, twenty
vingtaine, *f.,* about twenty
vingtième, twentieth
vis-à-vis de, with respect to
visiter, to visit
visiteur, *m.,* visitor
vivant, -e, lively
voie, *f.,* way
    voies d'eau, waterways
voir, to see
voisin, -e, neighbor
voit, 3rd per. sing. pres. of **voir**
voix, *f. sing. & pl.,* voice
volonté, *f.,* will
volontiers, willingly
vont, 3rd per. pl. pres. of **aller**
votant, -e, voter
voter, to vote
voulaient, 3rd per. pl. imperf. of **vouloir**
voulait, 3rd per. sing. imperf. of **vouloir**
vouloir, to want; to wish
    vouloir dire, to mean
voulu, past part. of **vouloir**
voyons, 1st per. pl. of **voir**
vu, past part. of **voir**

W

Wisigoth, *m.,* Visigoth

XYZ

y, there
yeux, *m. pl.,* eyes
    aux yeux de, in the opinion of
zèle, *m.,* zeal; fervor

NTC FRENCH INTERMEDIATE CULTURE
TEXTS AND MATERIAL

Contemporary Life and Culture
Un jour dans la vie
Face-à-face
Lettres de France
Lettres des provinces
Réalités françaises
Les jeunes d'aujourd'hui
Tour du monde francophone series
  Promenade dans Paris
  Zigzags en France
  Visages du Québec
  Images d'Haïti

Contemporary Culture—in English
The French-Speaking World
Welcome to Europe
Focus on Europe Series
  France: Its People and Culture
  Belgium: Its People and Culture
  Switzerland: Its People and Culture
Life in a French Town
French Sign Language
Getting to Know France
Christmas in France

Civilization and History
Un coup d'oeil sur la France
Les grands hommes de la France

Literary Adaptations
Les trois mousquetaires
Le comte de Monte-Cristo
Candide ou l'optimisme
Tartarin de Tarascon
Colomba
Le voyage de Monsieur Perrichon
Le Capitaine Fracasse
Contes romanesques
Six contes de Maupassant
Pot-pourri de littérature française
Carmen Culture Unit
Variétés
Histoires célèbres
Le rouge et le noir
Pages choisies
Eugénie Grandet
Comédies célèbres
Cinq petites comédies
Trois comédies de Courteline
The Comedies of Molière

Cross-Cultural Awareness
Rencontres culturelles
Vive la France!
Noël

For further information or a current catalog, write:
National Textbook Company
a division of *NTC Publishing Group*
4255 West Touhy Avenue
Lincolnwood, Illinois 60646-1975 U.S.A.